FERNAND PELLOUTIER

LE CONGRÈS GÉNÉRAL

DU

PARTI SOCIALISTE FRANÇAIS

— 3-8 DÉCEMBRE 1899 —

PRÉCÉDÉ D'UNE

LETTRE AUX ANARCHISTES

Prix : cinquante centimes

PARIS
P.-V. STOCK, ÉDITEUR
(Ancienne Librairie TRESSE & STOCK)
9, 10, 11, GALERIE DU THÉATRE FRANÇAIS
Palais-Royal

—

1900

FERNAND PELLOUTIER

LE CONGRÈS GÉNÉRAL

DU

PARTI SOCIALISTE FRANÇAIS

— 3-8 DÉCEMBRE 1899 —

PRÉCÉDÉ D'UNE

LETTRE AUX ANARCHISTES

PARIS

P.-V. STOCK, ÉDITEUR

(Ancienne librairie TRESSE & STOCK)

8, 9, 10, 11, GALERIE DU THÉATRE-FRANÇAIS

PALAIS-ROYAL

1900

LETTRE AUX ANARCHISTES

Je serai bref : l'espace m'est mesuré, et d'ailleurs les paroles que je vais dire trouvent une illustration parfaite en la personne de propagandistes comme Malatesta, qui savent si bien unir à une passion révolutionnaire indomptable l'organisation méthodique du prolétariat.

J'estime que le résultat du congrès socialiste nous trace de nouveaux devoirs. Nous avons jusqu'ici, nous anarchistes, mené ce que j'appellerai la propagande pratique (par opposition avec la propagande purement théorique de Grave) sans l'ombre d'une unité de vues. La plupart d'entre nous ont papillonné de méthode en méthode, sans grande réflexion préalable et sans esprit de suite, au hasard des circonstances. Tel qui la veille avait traité d'art, conférenciait aujourd'hui sur l'action économique et méditait pour le lendemain une campagne anti-militariste. Très peu, après s'être tracé systématiquement une règle de conduite, surent s'y tenir et, par la continuité de l'effort, obtenir dans une direction déterminée le maximum de résultats sensibles et précieux. Aussi, à notre propagande par l'écriture, qui est merveilleuse et dont nulle collectivité — si ce n'est la collectivité chrétienne à l'aube de notre ère — n'offre un pareil modèle, ne pouvons-nous opposer qu'une propagande *agie* des plus médiocres, et c'est d'autant plus regrettable que, par la solidité même de sa foi morale et économique — aussi éloignée du matérialisme marxiste que le naturalisme de Zola est éloigné de celui d'Armand Silvestre — l'anarchiste a des ressources d'énergie et une ardeur prosélytique pour ainsi dire inépuisables.

Ce que je demande donc, c'est (non pas certes l'unité de pensée, telle même qu'elle pourrait résulter d'une conférence semblable à celle que nous tînmes à Londres en 1896), mais le choix ferme par chacun de nous, à la lumière de sa propre conscience, d'un mode particulier de propagande et la résolution non moins ferme d'y consacrer toute la force qui lui a été départie.

La caractéristique du congrès socialiste a été l'absence totale des syndicats ouvriers. Cette absence a frappé tout le monde, et moi-même, bien que connaissant l'horreur professé depuis longtemps par les syndicats à l'égard des sectes politiques, j'ai été surpris, je l'avoue, du petit nombre qu'il y en avait à ce « premier » congrès général du Parti socialiste. Cette absence fut le résultat d'un état d'esprit où il entre assurément beaucoup de scepticisme (je ne dis pas d'indifférence) à l'endroit de l'action parlementaire. Les syndicats ne croient plus que médiocrement à l'efficacité et, par conséquent, à l'utilité des réformes partielles, qu'elles soient d'ordre politique ou d'ordre économique, et ils croient encore moins à la sincérité des parlementaires : cela paraîtra particulièrement évident si l'on songe qu'après avoir témoigné, en termes parfois très chaleureux, leur reconnaissance pour les décrets du citoyen Millerand, ils ne crurent pourtant pas devoir se rendre au congrès où devait s'instruire le procès et s'opérer peut-être l'exécution du même citoyen Millerand.

Mais ne nous leurrons pas : il entre aussi dans l'état d'esprit des syndicats, ou plutôt il y entrait encore la veille du Congrès, la crainte, je pourrais même dire la certitude que, comme tous les congrès où les socialistes ont agité des problèmes et des passions politiques, celui-ci verrait naître entre les diverses fractions présentes, et à la suite de querelles abominables (qui, d'ailleurs, n'ont pas manqué d'éclater), une nouvelle et irréparable rupture. On ne pouvait pas admettre qu'où se trouveraient et le « Torquemada en lorgnon » et l'aspirant-fusilleur d'anarchistes, et Lafargue et Zévaès, il n'y eût pas tentatives de chantage, extorsions de votes, pratiques d'une délicatesse douteuse et, si cela ne suffisait pas, retraite en bon ordre. Or, contrairement à toutes les prévisions, le congrès de 1899 a réalisé, sinon l'union, au moins l'Unité socialiste. Tel était devenu le désir de la foule de ne plus voir ses efforts pour l'émancipation contrariés, souvent brisés par les compétitions des chefs socialistes, que ceux-ci ont compris enfin la nécessité de se soumettre et se sont soumis. Nous savons l'enthousiasme, un peu puéril, avec lequel a été accueillie cette unité de nombre — à laquelle nous préférons, nous, anarchistes, l'unité d'aspiration, mille fois plus puissante. Je crains donc qu'un enthousiasme pareil ne s'empare également des syndicats et des agglomérations de syndicats et ne détermine une partie d'entre eux à se remettre inconsidérément sous le joug politicien.

On objectera peut-être que l'unité née de ce congrès est artificielle et précaire. Je l'ai cru, moi aussi, tout d'abord, je ne le crois plus aujourd'hui. Sans doute, le Parti ouvrier français, celui dont l'existence nous est si précieuse qu'il faudrait l'inventer, s'il n'existait pas, tant sa morgue et son outrecuidance rendent haïssable à la masse corporative le socialisme *politique*, le Parti ouvrier français a su se faire, dans le Comité général du Parti, une place enviable et il s'efforcera, nul ne le conteste, d'y régner en maître, jouant de sa force numérique et de ses menaces de scission comme Jules Guérin naguère du dossier Félix Faure. Mais Jaurès se lassera bien un jour d'être dupe ; mais tel et tel que je sais feront peut-être, quelque soir, sur le dos des Guesdistes, un solennel 18 Brumaire ; mais — et surtout — les Fédérations départementales autonomes auxquelles guesdistes et blanquistes ont bien imprudemment accordé une grande place — finiront par absorber le Comité général, après avoir émasculé, en les abandonnant, le P. O. F. et le P. S. R. dont elles sont aujourd'hui la substance. Il est vrai qu'alors le comité du Parti socialiste sera imprégné d'un esprit fédéraliste actuellement inconnu et qu'au lieu de trouver en lui la haine aveugle dont nous honorent les jacobins et les terroristes (en chambre), nous trouverons des gens sympathiques à la partie essentielle de notre doctrine : la libération intégrale de l'humanité. Mais le Parti socialiste ne sera pas seulement encore un parti parlementaire, paralysant l'énergie et l'esprit d'initiative que nous cherchons à inspirer aux groupes corporatifs, il sera de plus un parti contre-révolutionnaire, trompant l'appétit populaire par des réformes anodines, et les associations corporatives, renonçant à l'admirable activité qui, en dix années, les a pourvues de tant d'institutions dues à elles-mêmes et à elles seules; se confieront encore aux irréalisables promesses de la politique. Cette perspective est-elle pour nous plaire?

Actuellement, notre situation dans le monde socialiste est celle-ci : Proscrits du « Parti » parce que, non moins révolutionnaires que Vaillant et que Guesde, aussi résolument partisans de la suppression de la propriété individuelle, nous sommes en outre ce qu'ils ne sont pas : des révoltés de toutes les heures, des hommes vraiment sans dieu, sans maître et sans patrie, les ennemis irréconciliables de tout despotisme, moral ou matériel, individuel ou collectif, c'est-à-dire des lois et des dictatures (y compris celle du prolétariat) et les amants passionnés de la culture de soi-même.

Accueillis, au contraire, à raison même de ces sentiments, par le « Parti » corporatif, qui nous a vus dévoués à l'œuvre économique, purs de toute ambition, prodigues de nos forces, prêts à payer de nos personnes sur tous les champs de bataille, et après avoir rossé la police, bafoué l'armée, reprenant, impassibles, la besogne syndicale, obscure, mais féconde.

Eh! bien, cette situation, sachons la conserver ; et pour la conserver, consentons, ceux d'entre nous qui, à l'instar des collectivistes, considèrent l'agglomération syndicale et coopérative d'un œil défiant, à respecter, et les autres, ceux qui croient à la mission révolutionnaire du prolétariat éclairé, à poursuivre plus activement, plus méthodiquement et plus obstinément que jamais l'œuvre d'éducation morale, administrative et technique nécessaire pour rendre viable une société d'hommes libres.

Je ne propose, on le voit, ni une méthode nouvelle ni un assentiment unanime à cette méthode. Je crois seulement, en premier lieu, que, pour hâter la « révolution sociale » et faire que le prolétariat soit en état d'en tirer tout le profit désirable, nous devons, non-seulement *prêcher* aux quatre coins de l'horizon le gouvernement de soi par soi-même, mais encore prouver expérimentalement à la foule ouvrière, au sein de ses propres institutions, qu'un tel gouvernement est possible, et aussi l'armer, en l'instruisant de la nécessité de la révolution, contre les suggestions énervantes du capitalisme.

Je demande, en second lieu, à ceux qui, comme nos camarades de l'*Homme libre*, pensent autrement que nous sur l'avenir des unions ouvrières, la neutralité bienveillante à laquelle nous avons droit, et toute la ténacité et toute l'ardeur dont ils sont capables à ceux qui admettent, dans des proportions diverses, l'utilité de l'organisation syndicale.

Les syndicats ont depuis quelques années une ambition très haute et très noble. Ils croient avoir une mission sociale à remplir et, au lieu de se considérer soit comme de purs instruments de résistance à la dépression économique, soit comme de simples cadres de l'armée révolutionnaire, ils prétendent, en outre, semer dans la société capitaliste même le germe des groupes libres de producteurs par qui semble devoir se réaliser notre conception communiste et anarchiste. Devons-nous donc, en nous abstenant de coopérer à leur tâche, courir le risque qu'un jour les difficultés ne les découragent et qu'ils ne se rejettent dans les bras de la politique.

Tel est le problème que je soumets à l'examen des camarades, avec l'espoir que ceux qui l'auront résolu dans le même sens que moi, n'épargneront plus leur temps ni leurs forces pour aider à l'affranchissement des esprits et des corps.

F. P.

12 décembre 1899.

LE CONGRÈS GÉNÉRAL

DU

PARTI SOCIALISTE FRANÇAIS

PREMIÈRE JOURNÉE

Dans cette salle nue et froide, que l'administration municipale de Paris accorde à l'indigence coutumière des comités politiques français, s'entassent sept ou huit cents personnes, ivres de refrains révolutionnaires. Les guesdistes se placent à gauche, comme pour personnifier l'intransigeance et l'irréductibilité socialiste ; au centre les blanquistes, disciples infidèles de l'Enfermé ; à droite la masse des hommes qui composent avec l'ordre capitaliste et pour qui l'obtention d'un arbitrage ministériel est une victoire sociale.

Les attitudes, les regards, les gestes, les paroles : tout révèle la haine. L'hystérique Lafargue, dont la chevelure drue et blanche est un signe de ralliement, interpelle violemment les étudiants collectivistes — et avec eux son propre neveu Jean Longuet : « Non, non, s'écrie-t-il, les indépendants ne sont pas des socialistes », et dans cette exclamation il a mis toute la fureur avec laquelle il invectivait les anarchistes, au temps où le caporal qui sommeille en lui dénonçait la *Alianza* espagnole.

D'ailleurs, la passion éclate dans tous les rangs, et le soupçon et l'envie. « Le Comité d'entente n'existant plus... » dit un allemaniste. A ces mots l'orage se déchaîne. On entoure l'imprudent ; des hommes galonnés de rouge le saisissent, des poings se dressent contre lui, et, s'il ne reculait devant le nombre, des « frères et amis » lui donneraient un avant-goût de la fraternité collectiviste.

Pourtant, les huit cents hommes qui sont là, prêts à se ruer les uns contre les autres, se montrent tous pleins de respect pour le gouvernement de leur Congrès. Les « commissaires » ont été débordés ; la presse s'est introduite subrepticement dans l'antre, le public a fait de même et — chose plus horrible pour Jules Guesde, qui a fabriqué trois cents mandats — maint délégué s'est fait délivrer plusieurs cartes. Tout l'effort guesdiste pour obtenir une majorité écrasante va-t-il être perdu? Les timbres en caoutchouc et les composteurs auront-ils inutilement fonctionné? Non, non ; que le Congrès attende : on va prendre des mesures de « police » et parer au danger. Et le Comité d'entente se réunit de nouveau pour délibérer.

Cependant, les délégués hurlent. Les compagnons de Chauvin, qui, pour avoir dénoncé Millerand, se croient enfin devenus révolutionnaires, entonnent la *Carmagnole;* les allemanistes supputent leurs chances de succès ; Sorgue, qui médite un coup, promène mélancoliquement son feutre gris, et Sembat, dont l'âme est triste jusqu'à la mort, dit à Pouget : « Voilà comme on préside à l'organisation sociale ! »

Une heure se passe. Voici enfin le Comité d'entente, Guesde et Jaurès côte à côte. Il y a, paraît-il, dans la salle nombre d'indiscrets et d'intrus. Comme on ne peut songer à opérer une sélection immédiate, le Comité a décidé d'ajourner à huit heures l'ouverture du Congrès, et quiconque alors se présentera sans carte sera repoussé. Quant à la presse — cette fâcheuse — on lui fera savoir avant l'ouverture de l'Exposition si l'on juge bon de l'admettre à dénombrer les coups de poing qui s'échangeront bientôt.

. . . .

Dix heures ! La bataille s'engage enfin. Le Comité d'entente a cru devoir énumérer les questions à discuter dans l'ordre suivant :

1° *La lutte des classes et la conquête des pouvoirs publics.*

a) Dans quelle mesure et conformément au principe de la lutte de classe, base même de l'organisation du parti, celui-ci peut-il participer au pouvoir dans la commune, le département et l'État ?

b) Voies et moyens pour la conquête du pouvoir : action politique, électorale et révolutionnaire; action économique (grève, grève générale, boycottage, etc).

2° *De l'attitude à prendre par le parti socialiste dans les conflits des diverses fractions bourgeoises.*

Lutte contre le militarisme, le cléricalisme, l'antisémitisme, le nationalisme, etc.

3° *De l'unité socialiste; ses conditions théoriques et pratiques.*

Direction et contrôle par le parti des divers éléments d'action, de propagande et d'organisation.

Joindy (un allemaniste modéré), craignant que les passions soulevées par la première question ne rendent impossible l'unité socialiste, demande que l'unité soit mise sur le tapis la première. « La logique veut, dit-il, que, réunis en un Congrès d'union socialiste, nous posions d'abord les bases de l'union. Après quoi, nous rechercherons où et comment cette union devra se manifester. »

L'Eliacin guesdiste, celui qui récite les idées de Guesde, quand il va causer à Lunel de la Verrerie ouvrière, conteste la logique de cette argumentation. « Quoi ! on réaliserait dès maintenant l'unité ? Mais alors, nous ne pourrions plus exécuter Millerand et Jaurès ! Halte là ! Nous ne sommes venus ici que pour obtenir les têtes de ces messieurs ; il nous les faut et le Congrès discutera d'abord sur la participation d'un socialiste au gouvernement... » Ou il ne discutera rien, ajoutent les cannes guesdistes dont les tables disent merveille aux échos d'alentour.

Du reste, les pensées intimes commencent à se dessiner : « Oui, nous sommes partisans de l'unité, dit quelqu'un, de la plus grande somme d'unité possible, mais... seulement entre vrais socialistes. » A vous, Jaurès !

« Au contraire, réplique un de ces provinciaux qui, n'apercevant aucune différence entre le révolutionnarisme de Jaurès et celui de Guesde, préfèrent l'exubérante franchise du premier aux inquiétants et ténébreux calculs du second, au contraire, nous n'admettons pas, nous n'admettrons jamais que le parti socialiste soit à la remorque d'une personnalité. (A vous, Guesde !) Nous voulons l'union à tout prix, et, dans ce but, nous avons établi un projet à bases fédératives ; c'est pourquoi nous sommes d'avis que le Congrès discute d'abord sur l'unité. »

Victor Dalle, venu tard pour jouer les grands premiers rôles, puisque Joindy et Zévaès ont occupé les deux positions extrêmes, Dalle prend la position intermédiaire, approuve l'argumentation de Joindy tout en la sapant et, avec une sophistique d'écolier, prétend que l'unité est virtuellement hors de cause, puisque les délégués présents ont tous accepté par écrit les trois points du dogme. « L'unité doctrinaire étant faite, conclut-il, il n'y a plus en question que des broutilles... programme d'action... tactique... fétus... misères... Alors, vaut-il la peine qu'on intervertisse l'ordre établi par le Comité d'entente ? »

Dans une discussion ordinaire, cette opinion — parce que moyenne — rallierait tous les suffrages ; mais actuellement il s'agit du gouvernement des hommes, que convoitent à des degrés divers tous les chefs de parti présents. Aussi les opinions sont-elles faites d'avance. L'assemblée, qui le sait, clôt le débat.

Sont en présence : les amendements du Parti socialiste révolutionnaire et du Parti ouvrier français, qui réclament l'ordre de discussion établi par le Comité d'entente, et l'amendement Joindy, qui demande l'interversion des articles 1 et 3.

Mais voici que s'élève un nouveau débat : lequel de ces amendements contradictoires sera le premier mis aux voix ? Cette question paraît à quelques délégués ahurissante. Les pauvres ! ils ne connaissent pas encore toutes les ressources du parlementarisme. Chacun des chefs de file sait que les foules, après les longues et pénibles discussions, adoptent le premier avis soumis à leur approbation. Pourtant ce calcul, qui serait juste en d'autres circonstances, ne peut pas l'être en celle-ci où les délégués sont venus avec des résolutions intangibles, dédaigneuses des arguments inopinés comme Guesde de ses mamelucks.

On scrutine donc. Cette fois, la composition du congrès est évidente. A gauche une meute se dresse sur les tables, poussant des clameurs féroces, et Jaurès voit s'ériger avec angoisse *les centaines de mains de ceux qui ont conspiré sa perte.* La droite sent, avec lui, le souffle des défaites prochaines. Une fois encore l'armée guesdiste témoigne de son admirable discipline militaire et Gallifeten féliciterait Chauvin, s'il avait osé venir en cette salle, où d'ailleurs des mains serreraient la sienne, tant les « révolutionnaires » qui sont là montrent de respect pour le galon !

Battu sur la priorité, Jaurès va-t-il être encore battu sur « le fond », c'est-à-dire sur la proposition Joindy ? En attendant qu'un interminable scrutin par mandats fournisse une réponse, le congrès procède à l'examen des articles du règlement que lui a fabriqué le comité d'entente. Enhardie par une première victoire, la gauche va se montrer de plus en plus exigeante, tandis que certains allemanistes vont devenir agressifs.

Les premiers articles passent sans encombre. La bataille s'engage sur le mode de composition de la commission générale qui sera chargée d'établir sur chacun des trois points. du programme un projet de résolution. Sera-t-elle élue directement par le congrès sans distinction entre les groupes, ou bien sera-t-elle composée de délégués désignés par chacune des sept organisations représentées, et dans ce dernier cas, les organisations auront-elles chacune un nombre égal de représentants ou un nombre proportionnel à celui des mandats qu'elle possède ? Élue par le congrès ou composée d'un nombre égal de représentants par organisation, les guesdistes et les blanquistes sont perdus, car en face d'eux et contre eux il y a quatre organisations, peut-être même cinq et un nombre de têtes supérieur au leur. Composée, au contraire, au prorata des mandats détenus par chaque groupe, le P. O. F. et le P. S. R. triomphent, Millerand est exécuté, l'unité compromise et prononcée peut-être l'exclusion du parti socialiste de ces « indépendants » contre qui tantôt tonnait le doux Lafargue.

La discussion commence. Alors Chauvin se lève, se tourne vers ses soldats et dit : « Nous votons pour la représentation proportionnelle. » — « Les guesdistes veulent une nouvelle scission », crie-t-on de droite. Mais voici que le Midi s'ébranle. Le délégué de la fédération socialiste des Bouches-du-Rhône déclare que, si l'on décide la représentation proportionnelle, il y aura lieu de rechercher la valeur de certains mandats. Assurément cet homme si perspicace doit avoir eu des relations avec le P. O. F. Mais l'épineuse question qu'il pose soulève la fureur de la gauche. Avec un sens admirable de l'actualité, le P. O. F. scande sur l'air des *Lampions* cette apostrophe : « Un bouchon ! un bouchon ! » Alors Lévy, allemaniste indiscipliné et rageur, escalade la tribune et, dédaignant tous ménagements, clame dans le bruit : « Il y a ici une organisation qui a des quantités de mandats ; il nous serait facile d'en contester... » A ces mots, la tempête redouble, les cannes guesdistes font rage sur les tables qui n'en peuvent mais ; des clefs se rapprochent des lèvres et l'on entend des bruits stridents qui ressemblent à des coups de sifflets. Impassible, Lévy brave la tourmente, puis reprend : « Je demande au P. O. F. quelque abnégation... » De l'abnégation ! Ah ! le naïf ? Mais le P. O. F. n'a recueilli des centaines de mandats que pour s'assurer la victoire. De l'abnégation ? Chauvin s'esclaffe, Fouilland se tord et Lafargue pense que Lévy est bien jeune !

Cependant il est près de minuit. Votera-t-on ce soir ? Sembat propose de renvoyer à demain cette importante opération. Il paraît que les guesdistes comptent pour demain sur l'arrivée de nouveaux mandats, car à la *proposition Sembat*, Chauvin, se tournant vers ses compagnons, crie : « Oui ! oui ! » Le Congrès accepte.

Les surprises seraient-elles terminées ? Non, madame Sorgue, qui n'a point pardonné à la *Petite République* le désaveu de l'exode du Doubs et au ministère les ordres de rigueur donnés à l'administrateur du Haut-Rhin, madame Sorgue est à la tribune. Elle a lu les journaux du soir et appris qu'une rencontre sanglante s'est produite, à Nantes, entre la troupe et les ouvrières grévistes de la manufacture des tabacs. Militaires et policiers ont brutalisé et même frappé de leurs armes les grévistes. Le congrès permettrat-il qu'un tel crime, commis par le ministère Millerand-Galliffet, reste impuni ? Non, dit madame Sorgue, il votera l'ordre du jour de flétrissure que voici et fera justice des misérables... Cette fois le danger est grand pour Jaurès, car sauf quelques Viviani, tous les délégués — la fureur unanime l'atteste — sont prêts à sacrifier le ministère qui a failli renouveler le crime social de Fourmies... Mais les journaux du soir ont-ils rapporté fidèlement les choses ?

Jaurès s'avance et dit : « Il serait indigne du congrès, citoyens, de se prononcer à la légère sur la proposition qui vient d'être lue. Il y a ici des délégués nantais qui sont en communication télégraphique avec les grévistes ; sachons d'eux la vérité d'abord... Vous avez décidé d'examiner attentivement la question de la participation socialiste au gouvernement. Si vous votez maintenant la proposition Sorgue ; si, par un vote de surprise... » Il n'en peut dire davantage. Les guesdistes, qui, si les faits allégués par madame Sorgue sont exacts, ont le beau rôle, mais qui ne peuvent arriver à le jouer dignement — tant ils ont l'habitude des moyens perfides ! — voient dans la demande de Jaurès, une diversion fâcheuse et tentent de l'étouffer. Le bruit qu'ils font devient tel que Jaurès renonce à se faire entendre. Les guesdistes auront-ils la victoire ? Non, car un premier délégué nantais dément les renseignements publiés ce soir par deux ignobles journaux patriotes. Acteur dans la manifestation qu'ont faite les grévistes de Nantes, il affirme qu'il n'y a pas eu entre celles-ci et la force publique l'échange de violences qu'on prétend. Cette première déclaration ébranle déjà le congrès. Alors paraît Brunellière, conseiller municipal de Nantes, qui, lui, fauche définitivement l'espoir des guesdistes en déclarant que « depuis la veille, et grâce au citoyen Millerand, les grévistes de Nantes ont satisfaction ». Voilà Jaurès provisoirement sauvé. La droite le comprend, lève le siège et va, *per amica silentia lunæ*, fourbir pour le lendemain de nouvelles armes.

DEUXIÈME JOURNÉE

La séance de la première journée avait été présidée par
le maire de Lille, Delory, du P. O. F. C'est dire que le sort
de la presse n'avait pas été réglé et que seuls quelques pri-
vilégiés avaient pu, grâce à une opportune délégation,
assister aux débats. Aujourd'hui, c'est Marcel Sembat qui
préside, et, ferme autant que loyal, son premier acte de
président est pour rappeler que les journalistes attendent au
dehors, en battant la semelle, qu'on leur fasse savoir si le
congrès les admet ou les repousse.

Les guesdistes entrent en fureur. L'un d'eux paraît à la
tribune et, lourdement agressif, s'en prend même aux
journalistes délégués : « Des délégués au congrès, dit-il,
en communiquant aux journaux ce qui s'est passé hier ont
violé les décisions prises par les congrès d'une des organisations ici présentes, *la seule peut-être qui ait tenu des
congrès...* « Aussitôt la droite pousse une clameur formidable « Sembat apostrophe vertement le quidam : « Si un
orateur se permet des paroles blessantes pour une fraction
quelconque du congrès, je lui retirerai aussitôt la parole. »
Le maladroit s'excuse et regagne honteusement sa place.
Mais ses acolytes tiennent bon. On lit d'eux une proposition, longue comme un jour sans pain, dont nous perce-
vons ces lambeaux : « ... Considérant que le congrès a pour
but de faire l'unité... que la publicité aurait pour effet
d'introduire la presse bourgeoise dans nos divergences
pour les aggraver, en même temps qu'elle pèserait sur la
liberté de parole des délégués... la peur de fournir des
armes aux délégués du dehors; ... considérant enfin que
les divisions qui viendraient à se produire auraient plus de

chances de s'effacer si elles n'étaient pas sorties de la famille socialiste... nous demandons que la presse ne soit
pas admise. »

Le Comité d'entente, lui, est pour l'admission de la
presse, et c'est son avis que Sembat soumet d'abord à la
délibération du Congrès. Cette fois, les guesdistes restent
seuls. Les blanquistes votant avec la droite pour l'admission, une majorité libérale formidable se manifeste, et
en cinq minutes les journalistes — qui d'ailleurs étaient
tous dans la salle depuis l'ouverture — occupent les places
qui leur avaient été réservées sur l'estrade.

Le Congrès continue le débat sur la composition de la
Commission générale. Paul Fribourg, un allemaniste frotté
d'anarchisme, s'inquiète peu que la Commission compte des
majorités et des minorités, pourvu que celles-ci puissent
se manifester officiellement devant le congrès. Le guesdiste
Devernet prend violemment à partie le délégué de la Fédération socialiste des Bouches-du-Rhône, qui, la veille, « a
semblé dire que la Fédération du Nord était venue au Congrès avec des mandats fictifs. » — « Si l'on veut entrer
dans cette voie, déclare-t-il, je dirai, moi, qu'il y a ici au
moins trois délégués dont les mandats sont contestables. »
Il n'y a, décidément que les adhérents actuels ou anciens
du P. O. F. pour se traiter ainsi de faussaires Enfin, Devernet, qui a toute la morgue et toute la jactance de son
parti, termine ainsi : « Il peut paraître séduisant d'accor-
der à toutes les organisations une représentation égale ;
mais est-il possible qu'une fédération aussi puissante que
celle du Nord soit mise au même rang qu'une confédération de groupes qui peut-être ne comptent que quelques
hommes ? Ce qui n'est pas fictif, c'est notre maire, le citoyen Delory, c'est notre municipalité, ce sont nos
quatre-vingt-quinze mille socialistes...

UN GUESDISTE. — Cent mille.

Cette fois la plaisanterie est si forte qu'elle est accueillie par un éclat de rire général, quelques guesdistes, même, la trouvent risquée. Le député Walter (P. S. R.), Constant (P. O. F.) opinent dans le même sens que Devernet. Joindy clôt la théorie des orateurs en demandant, au nom du Comité d'entente, la représentation égale et la formation dans la Commission d'une majorité et d'une minorité par l'envoi de délégués ayant pris part au débat.

On va voter. Mais Jaurès, qui, dans la crainte d'un échec, subira jusqu'à la fin du Congrès le chantage de la gauche, Jaurès fait la proposition nouvelle de graduer le nombre des représentants de chaque organisation proportionnellement à des quantités déterminées de mandats. C'est la conséquence d'habitudes parlementaires chez cet homme dont la sincérité semble pourtant inconciliable avec de pareilles pratiques.

La priorité étant demandée pour l'amendement Walter qui stipule la désignation des délégués par les organisations elles-mêmes, le vote a lieu par tête. Une première épreuve étant déclarée douteuse, l'opération recommence et cette fois la majorité est acquise à l'amendement. Mais guesdistes et blanquistes craignent que, si le vote sur le fond est fait aussi par tête, l'amendement ne soit repoussé. Alléguant donc que l'amendement pose une question de principe, ils demandent le vote par mandats et Sembat acquiesce. Alors Viviani proteste. Il estime, lui, que le mode de votation sur la priorité exige le même mode sur le fond ; et il démontre, ce politicien, que la question de priorité est chose plus importante que ne le pense le médiocre parlementaire Sembat, puisqu'elle permet, en effet de préjuger le vote sur le fond. La discussion s'éternise. N'y a-t-il donc pas là quelque plaisant pour demander qu'on vote sur le point de savoir comment on votera ? Non. Sembat, qui sent probablement le ridicule de ce débat, suspend la séance. Le vote aura lieu ce soir. D'ici là l'entente se sera faite.

. . . .

En attendant qu'un vote résolve la question de la commission, Jaurès a la parole sur la

PARTICIPATION D'UN SOCIALISTE AU GOUVERNEMENT BOURGEOIS

«... J'ai lu, dit-il, la brochure récemment publiée par Lafargue (1). Parlant de l'accession de Millerand au ministère, il n'hésite pas à écrire : « Le fait est considérable ; il a eu un grand retentissement qui ira se prolongeant et se répercutant dans les masses profondes du populaire de France et des autres pays. Les socialistes, qu'on a dépeints comme des partageux, des gens de sac et de corde, des sans-patrie, des imbéciles, qu'on a emprisonnés pour avoir prêché le meurtre et le vol, on les appelle pour sauver la République ; c'est l'un d'eux que l'organisateur du grand patronat choisit pour défendre l'ordre bourgeois. Quel éclair illuminant un nouvel horizon à la pensée populaire ! Le terroriste russe, au fond de son cachot de Sibérie, en apprenant cette nouvelle, dira : « Il y a quelque chose de » changé dans le monde... » Et plus loin : « Quand éclata le dix-huit mars, j'étais en province et je fus témoin de la stupeur qu'il produisit même parmi les hommes les plus avancés, qui maudissaient Thiers, et les Favre et les Ferry de la Défense nationale ; ils se demandaient avec inquiétude : « Qui sont Varlin, Tridon, Malon, Frankel ? D'où viennent » ces hommes nouveaux, ces inconnus ? Sont-ils capables » de gouverner et d'administrer la France ? » Vienne une autre commotion jetant à bas les gouvernants bourgeois et portant au pouvoir les socialistes, et jusque dans les plus petits villages, on sera convaincu que le parti socialiste peut prendre la direction des affaires sociales. Cette con-

(1) *Le Socialisme et la conquête des pouvoirs publics*, par Paul Lafargue. — Lille, 1899.

fiance, c'est le succès de la prochaine révolution...» Je demande donc, continue Jaurès, à ceux de nos camarades qui se réclament plus particulièrement de l'idée révolutionnaire, comment ils pourraient nier et écarter systématiquement la participation d'un élu au pouvoir bourgeois, qui, d'après eux, sert la cause de la révolution sociale prochaine.

» Mais nous n'avons pas seulement l'opinion individuelle du citoyen Lafargue. Le Congrès tenu par le Parti ouvrier français à Épernay a laissé lui-même à son Conseil national le soin de savoir si, à l'occasion et suivant les circonstances, d'autres positions que celles qui relèvent directement du corps électoral ne pouvaient être occupées. C'était, non pas cadenasser la porte du ministère, mais l'ouvrir, et ce que vous avez permis à votre Conseil national, je le demande pour le Congrès tout entier.

» L'objection fondamentale est celle-ci : la lutte de classe interdit-elle à un élu socialiste, délégué et désigné par son parti, d'aller défendre dans un ministère bourgeois les intérêts du prolétariat? La lutte de classe, si je la comprends bien, et j'ai essayé, surtout depuis ces polémiques ardentes, d'en mieux pénétrer le sens, signifie deux choses : d'abord qu'il y a entre la classe capitaliste et bourgeoise possédante et la classe prolétarienne non possédante un antagonisme profond, irréductible, qui résulte du monopole de la propriété aux mains des capitalistes; il est donc impossible d'attendre la transformation de l'ordre social et de la grande propriété du bon vouloir de la classe qui détient les moyens de production. La conclusion est que le prolétariat doit s'organiser en un parti distinct de classe et se préparer à acquérir le pouvoir par la transformation de la propriété. Eh bien ! citoyens, la présence d'un élu socialiste dans un ministère bourgeois a-t-elle pour conséquence d'affaiblir ou de fortifier l'action du prolétariat? C'est là une simple question de fait. Et je dis qu'il y a des cas où il est impossible que le parti socialiste ne délègue pas un des siens au pouvoir bourgeois, je dis qu'il y a des cas où il ne peut pas se dérober à cette nécessité, et que la force même des choses nous imposera à certaines heures décisives ces responsabilités.

» Ah! je sais bien qu'il est plus commode de se borner à affirmer en formules générales les doctrines essentielles de notre parti que d'accepter les responsabilités qu'entraîne la gérance de l'ordre social. Mais est-ce que déjà nos militants n'assument pas des responsabilités souvent lourdes lorsqu'ils entrent en possession des pouvoirs publics dont vous ne songez pas à leur interdire l'accès ? Est-ce que ce n'est pas une responsabilité que d'avoir au Parlement des élus obligés souvent par les nécessités de la tactique parlementaire d'émettre des votes qui ne sont pas toujours en harmonie visible et sensible avec leurs déclarations générales ? Et qu'est-ce qu'un maire élu par le suffrage universel ? N'est-ce pas aussi un délégué de la puissance centrale, obligé parfois, sous peine de déchéance de son mandat, de protéger les fonctionnaires de l'ordre bourgeois ? Nous avons vu le Conseil municipal de Lille obligé, pour prévenir un conflit entre les nationalistes et les ouvriers, de mobiliser la force armée. Et qui donc songe à le lui reprocher ? (*Bruit.*)

» A mesure que notre parti grandit, à mesure qu'il devient une force avec laquelle toutes les forces doivent compter, il est inévitable que cette force agisse sur les forces qui l'entourent et parfois se combine avec elles.

» Est-ce qu'il est possible, en présence du nombre et de l'organisation des réactionnaires, que notre parti se désintéresse des périls de la République menacée ? Nous avons toujours dit que pour préparer la justice sociale, pour devenir les maîtres dans les usines, les ateliers, dans les grandes exploitations, les travailleurs doivent commencer par être les maîtres dans la cité. Si le prrolétaiat qui est une force se désintéressait... (*Bruit.*) il aurait travaillé contre lui-même, contre la révolution. De même qu'on a dû renoncer à l'hypothèse fausse de la loi d'airain des salaires (1), de même il faudra renoncer à la loi d'airain gouvernementale ; car ce n'est pas seulement du dehors qu'on pourra combattre la société, c'est aussi du dedans, en s'installant au cœur même de la citadelle capitaliste.

» Il y a des camarades qui, enivrés, fascinés par la sublimité de l'espérance socialiste, s'imaginent que la vieille cité capitaliste va tomber tout à coup. J'ai entendu dire à Guesde il y a trois ou quatre ans, lorsque nous inaugurions la mairie d'Ivry : « J'espère que l'heure viendra où » tous les socialistes pourront participer au même fait » ; je lui ai entendu dire, avec cette ferveur qui a remué les masses : « Aujourd'hui nous inaugurons au nom du parti » socialiste cette mairie ; en 1900, c'est le parti socialiste » victorieux qui inaugurera l'Exposition universelle. » Eh bien ! si vous pensez qu'on peut annoncer à une date certaine et prochaine la chute de la vieille cité capitaliste, si vous croyez que, comme par miracle, va se déchirer le rideau qui nous cache le monde socialiste futur, ah ! oui, gardons-nous de pactiser avec l'ordre social, gardons-nous de nous mêler au mouvement de la société d'aujourd'hui ; nous devons nous recueillir, renfermer le prolétariat dans sa propre espérance, le dresser pour l'action décisive. Mais si vous ne pouvez pas, si nul ne peut assigner avec certitude une date à la chute du système capitaliste, alors il faut, non seulement être prêt à l'action révolutionnaire, mais aussi pénétrer chaque jour dans la société bourgeoise par des réformes.

» Donc, ces réformes, il faudra que, même dans la so-

______

(1) A partir du jour où, les socialistes brûlant d'entrer dans les parlements, il devint nécessaire de persuader la foule sur l'efficacité des réformes partielles.

ciété d'aujourd'hui, le parti socialiste et le prolétariat les préparent ; il faudra qu'ils organisent une propagande méthodique. Mais lorsque, par cette propagande et cette organisation, le prolétariat aura obligé le parti de la bourgeoisie à accepter, comme en Angleterre, une réglementation des heures de travail, par exemple, par qui, au nom de qui cette réforme conquise par le parti socialiste, imposée par le prolétariat, par qui, au nom de qui voulez-vous qu'elle soit appliquée ? Vous en laisserez donc le bénéfice au parti bourgeois ? Mais c'est vous alors qui faites le jeu de la bourgeoisie. (*Très bien ! Bruit.*)

» Je dis qu'il faut que ce soit le parti socialiste qui donne corps aux réformes préparées et imposées par lui, et que le délégué socialiste au ministère y mette comme le sceau du parti pour apprendre au monde que ces réformes sont la propriété du prolétariat lui-même.

» Des socialistes voudraient qu'il y ait deux partis : d'un côté, les socialistes, si l'on consent à les appeler de ce nom, les socialistes réformistes ou les réformistes tout court. Ceux-là seraient chargés à leurs risques et périls de faire passer dans les lois actuelles, par leur participation au gouvernement bourgeois, les réformes déjà prêtes ; ils seraient chargés de la vulgaire besogne des réalisations quotidiennes et des réformes pratiques. Il y aurait d'un autre côté les socialistes révolutionnaires, qui planeraient du haut de la doctrine.

» Eh bien ! citoyens, ce serait mutiler le socialisme. Vous n'avez pas le droit de dire que notre parti est incapable aujourd'hui d'accomplir des réformes. Comment, c'est vous qui parlez toujours de la faillite du parti bourgeois... (*Interruptions*). Zévaès parlait il y a quelques jours et vigoureusement des faillis de gauche et des faillis de droite... (*Bruit.*) Il fut un temps où l'on disait aux travailleurs : « N'entrez pas dans les syndicats, vous y désapprendriez la majesté de l'idée socialiste; n'entrez pas dans les coopératives, vous vous y imprégneriez de l'esprit bourgeois; n'entrez pas même dans les parlements où tout est corruption. » Et il a fallu que nous fissions, nous, lentement, obstinément, pénétrer le socialisme dans les syndicats et les coopératives. C'est cette tâche que le parti socialiste tout entier doit accomplir. Et je dis que c'est cette politique agissante qui sera la politique de demain. La force des choses vous y conduira et c'est sur elle, aussi bien que sur l'esprit de conciliation et de concorde de tous les socialistes, que nous comptons pour établir l'union, l'entente cordiale.

» Je n'ai plus qu'un mot à dire : c'est que, s'il y avait péril de tentation ou d'ambition personnelle dans l'entrée d'un socialiste au ministère, notre proposition le fait évanouir. Nul ne pourra accepter un mandat ministériel que par ordre et sous le contrôle du parti. C'est au parti qu'il rendra compte de ses actes et je suis sûr que la bourgeoisie, aux heures de crise, sera obligée d'accepter les conditions que vous mettrez à l'appui de la classe ouvrière organisée. »

Après ce discours, haché par les interruptions de gauche et par les *interruptions de droite*, Jaurès dépose sa proposition, ainsi conçue :

« Le congrès déclare que le prolétariat doit s'appliquer surtout à conquérir dans les communes, les départements et l'État, la part des pouvoirs publics qui relève directement de l'élection. Il met en garde la classe ouvrière contre les illusions que pourrait faire naître la participation d'un socialiste dans un ministère bourgeois, cette action partielle étant forcément limitée et dominée par les lois générales du système capitaliste.

» Le congrès reconnaît qu'il est des cas où la participation d'un socialiste au pouvoir bourgeois peut être favorablement examinée. Soit lorsqu'une crise grave menace les libertés politiques qui sont la seule condition essentielle du

mouvement prolétarien et que le concours du prolétariat
est nécessaire pour les défendre ; soit lorsque la propagande
et l'action politique peuvent mener à bien une importante réforme, comme la journée de huit heures pour tous
les travailleurs ou encore la substitution des milices populaires aux armées de caserne ;

» Le congrès reconnaît qu'il peut y avoir intérêt pour
le parti à donner sa marque et sa signature afin de faire
sienne la réforme préparée et imposée par lui ;

» Le congrès déclare, en outre, que, pour que cette participation d'un socialiste au pouvoir bourgeois garde un
caractère de classe et se rattache à l'action générale du prolétariat, il faut que l'élu socialiste ne prenne part au pouvoir qu'avec l'assentiment formel du parti et pour une
cause et dans des conditions déterminées par le parti.

» Il faut, en outre, que le délégué au ministère rende
compte personnellement de son mandat devant le congrès
général du parti. »

Ébers (membre du P. S. R. et de la fédération des
Bourses du travail) soutient la thèse contraire. Les révolutionnaires considèrent que le parti socialiste doit être le
parti des miséreux, non celui des bourgeois. S'il est devenu
fort, c'est parce qu'il n'a jusqu'ici jamais voulu faire de
concessions à la classe bourgeoise, jamais pactisé avec les
gouvernants. On demande quelles sont les responsabilités
qui incombent à un socialiste entré dans un ministère
bourgeois ? C'est qu'ayant accepté de participer à une com-
binaison capitaliste, il ne combat plus le régime, il le solidifie. Oui, sa responsabilité est lourde, car il gouverne
tandis que des milliers d'hommes meurent de faim, ou se
révoltent contre la discipline militaire ou souffrent dans
les bagnes capitalistes ; il gouverne quand ses collègues font
marcher de malheureux soldats contre leurs compagnons
de servitude. Nous voulons, nous, que ce soit le peuple
qui se gouverne lui-même, comme sous la Commune.

Albert Richard (P. O. S. R.) défend habilement la tactique préconisée par Jaurès. Beaucoup de socialistes, dit-
il, croient que l'action politique, c'est-à-dire la conquête
des pouvoirs publics, est le seul moyen d'affranchir le
prolétariat. Il nous semble à nous différemment. Tout
parti qui n'aspire qu'à gouverner doit avoir cette conception, puisqu'il ne vise qu'à conquérir des privilèges ; mais
le nôtre doit la répudier. Albert Richard fait donc le procès
de l'action politique, de valeur relative et conditionnelle,
et place à côté d'elle l'action économique. « Nous oublions
trop, dit-il, qu'il y a des syndicats dont l'action s'affirme
par des grèves. Au lieu de comprimer cette agitation, favo-
risons-la, aidons-la à submerger la société capitaliste. »

C'est le tour de Guesde ; mais Guesde, qui connaît l'a-
vantage de parler le dernier, demande qu'on lui permette
de retarder son apparition à la tribune et cède son tour à
Devernet. Alors Sembat nous apprend que cet échange est
le second, Devernet ayant déjà cédé son tour à Guesde. Ces
chassés-croisés soulèvent de tels murmures que Sembat
détermine Devernet à renoncer définitivement à prendre la
parole.

Fabérot (P. O. S. R.) expose que, si le prolétariat organisé est absent de ce congrès, c'est parce qu'il a pris en
dégoût les politiciens. Pendant longtemps il appela à lui
les agitateurs et les théoriciens du socialisme, leur demandant l'éducation qui lui manquait, et ils se détournèrent
de lui ; aujourd'hui il n'est plus avec nous parce qu'il a
percé à jour les ambitieux.

Vaillant (P. S. R.). — La question que nous avons à
examiner aujourd'hui n'est pas seulement une question de
tactique ; elle est essentiellement une question de principe. Il y a quelques années, la question de l'entrée d'un
socialiste dans le gouvernement n'aurait pas pu se poser ;
mais depuis que le socialisme a été envahi par le radica-
lisme...

A droite. — Allard a été élu comme radical.

Cette interruption soulève pendant quelques minutes un violent tumulte. Le calme revenu, Vaillant poursuit :

Vaillant. — Il y eut jadis un certain nombre d'hommes qui, animés de l'esprit révolutionnaire, créèrent la notion d'une politique ouvrière, d'une lutte de la classe ouvrière contre la classe capitaliste — et ainsi se forma le parti socialiste. Va-t-on aujourd'hui renoncer à cette méthode ? Des hommes qui se sont introduits dans le parti socialiste pourront-ils entraîner la classe ouvrière dans des voies où elle a tout à perdre ? Il n'est pas possible qu'un homme, si bien intentionné soit-il, entre dans un ministère sans être obligé de renier son programme, de repousser, par exemple, la suppression du budget des cultes ou d'armer des soldats contre les grévistes. Ces choses, ne venons-nous pas de les voir ? Or, si le parti socialiste passait outre, il cesserait d'être un parti d'opposition pour devenir un parti de transactions, puis tomber en dissolution. Le citoyen Jaurès s'inquiète de savoir comment on fera pour garder au parti socialiste le bénéfice des réformes accomplies. Mais est-ce que, même faites par la bourgeoisie, ces réformes n'auront pas été imposées par la propagande socialiste ?

Vaillant conclut donc :

« Dans une période révolutionnaire le premier devoir du parti est de s'emparer du pouvoir politique et de réaliser dans la mesure possible et pour son émancipation la dictature impersonnelle de la classe ouvrière.

» Sous le régime capitaliste, le parti ne peut demeurer fidèle à la politique et à la doctrine socialiste révolutionnaire et au principe de la lutte de classe, qu'en étant et restant un parti d'opposition aux partis bourgeois, au pouvoir central, au gouvernement de la bourgeoisie : un parti de révolution.

» Les élus : citoyens délégués par le parti dans les conseils municipaux et au Parlement pour cette politique d'opposition et de révolution socialiste et ouvrière peuvent accepter toutes fonctions électives.

» Aucun membre du parti ne peut, sans en être considéré comme exclu de fait, accepter un poste ministériel, une participation quelconque au gouvernement central du capitalisme bourgeois.

» Tous les moyens de propagande et d'action doivent être employés par le parti socialiste : action économique, action électorale et révolutionnaire, grèves, grève générale, boycottage, etc. »

Avec Carnaud, député marseillais, passé du P. O. F. à la confédération des indépendants, le tapage va de nouveau se déchaîner. Fort habile, du reste, cet ancien instituteur ! « La proposition Vaillant, dit-il, qui interdit sans appel la participation d'un socialiste au gouvernement est trop absolue. S'il était prouvé qu'à un moment quelconque les pouvoirs bourgeois sont trop faibles pour résister à la réaction et défendre la République, est-ce que le prolétariat organisé en parti de classe n'aurait pas pour devoir d'examiner la nécessité de prendre le gouvernail ? Une proposition, par contre, qui revendiquerait pour le parti socialiste le droit de participer à tout propos au gouvernement, serait tout aussi dangereuse. Ce qu'il faut adopter, c'est la résolution du parti ouvrier français... »

A ces mots, les guesdistes se lèvent comme un seul homme. « Non ! non ! crient Guesde et Lafargue ; « Dé- » mission ! démission ! » chantent les autres ; et pendant un instant il semble que les haines, endormies depuis quelques heures, vont se réveiller. Mais ce n'est qu'une alerte. L'impassibilité de Carnaud désarme ceux qu'il a abandonnés. Et il peut reprendre son discours.

— Ce qu'il faut, c'est décider, conformément à la résolution du congrès d'Épernay, qu'on examinera, le cas échéant s'il ne serait pas utile d'admettre l'accession d'un socialiste au gouvernement. Sans aller jusqu'à dire avec Liebknecht que la tactique socialiste doit changer toutes les vingt-quatre heures, il est certain qu'elle doit se modifier fréquemment, et il est du devoir d'un socialiste, soucieux de l'intérêt même de son parti, de ne pas se renfermer dans son orgueil s'il lui est démontré qu'en changeant la tactique d'hier, il recueillera un avantage. La proposition Jaurès est acceptable... (*Bruit.*) pour les socialistes les plus scrupuleux, puisqu'elle ne donne le droit à un socialiste d'entrer dans le gouvernement que dans des cas déterminés, exceptionnels, prévus par le parti...

Une voix. — Et la pente?

C'est, en effet, ce que semblent oublier quelques bons révolutionnaires, comme Labusquière et Colly, entrés dans les rangs des réformistes purs. Jaurès l'a pourtant dit tout à l'heure : la politique des réformes sera la politique de demain; la force même des choses y poussera les socialistes, enivrés par l'espoir de pouvoir traduire tout de suite en actes une partie de leurs théories. Carnaud continue :

— Si la question a pris le caractère irritant que nous lui voyons, c'est que le socialiste entré dans le gouvernement est le premier. Mais si le Conseil national du parti ouvrier français a obtenu le droit — peut-être excessif — de juger pour ses élus, pourquoi les indépendants n'auraient-ils pas seuls qualité pour juger un des leurs? Vaillant se plaint que les radicaux soient venus au parti socialiste; mais n'est-ce pas la conséquence même de ses conseils? Il nous a dit : Allez partout faire de la propagande; nous l'avons fait, faut-il s'étonner que les radicaux soient venus à nous? Ce que nous devons refuser à ces gens, ce sont des concessions de doctrine ; mais des concessions de tactique, nous leur en devrions, si c'était nécessaire. Pourtant ils ne nous demandent même pas cela, puisque ce qu'ils veulent, c'est l'intérêt du parti socialiste, appelé, à mesure que la bourgeoisie s'abandonne, à prendre la direction de la chose publique. Pénétrons donc dans la classe bourgeoise, sans nous laisser absorber par elle, et unissons-nous pour la briser.

Guyot (blanquiste) adresse à son tour, à Jaurès toutes les critiques que les anarchistes ne cessent de faire depuis vingt ans aux guesdistes et aux blanquistes. Mais voici Lafargue et sa grossièreté naturelle nous présage des scènes de violence. Le bruit court, du reste, que Guesde et Zévaès l'ont envoyé à la tribune pour prodiguer aux indépendants et surtout à Jaurès, les injures que la prudence leur interdit à eux-mêmes.

PAUL LAFARGUE. — Le cas Millerand a été spontané. Peut-être l'aurions-nous laissé passer si des hommes, en dehors du Parlement. n'avaient voulu en faire le point de départ d'une méthode nouvelle. On nous a dit tout à l'heure que notre propagande avait rallié des radicaux... Oui, parce qu'ils ont senti dans le socialisme une force, et que, cette force, ils veulent l'exploiter... Ah! l'on ne serait certes pas venu à nous quand nous n'étions qu'une centaine... Aussi l'on nous appelle des encroûtés, des mystiques...

JAURÈS. — Nous n'avons jamais dit cela.

LAFARGUE. — D'ailleurs toute la méthode se renouvelle. Nous ne sommes pas seulement en présence d'une nouvelle tactique ministérielle, nous sommes aussi en présence de la coopération, cette farce que les bourgeois seuls préconisaient jadis — contre nous — et qu'aujourd'hui on veut faire avaler aux socialistes.

Ce que fait Waldeck, c'est ce que fit la bourgeoisie de 1848 en appelant au gouvernement provisoire Louis Blanc et Albert pour endormir le socialisme et préparer les journées de juin. (*Bruit à droite.*) Sans doute, la situation est aujourd'hui un peu différente (*Ah! ah! à droite*); on fait appel au concours des socialistes parce que la bourgeoisie est sans force contre les césariens et qu'elle n'ose même pas leur mettre la main au collet. Oui, j'ai salué l'avènement de Millerand au ministère comme le témoi-

gnage de la puissance socialiste ; mais est-ce que le ministère socialiste ne porte pas la responsabilité de toutes les
fautes que commet son gouvernement ? N'a-t-il pas sa
part de complicité dans le maintien de l'ambassadeur auprès du pape ? Des socialistes indépendants sont allés dans
le Nord proclamer qu'on avait trop souvent crié : A bas le
capital ! et qu'il fallait crier maintenant: A bas le cléricalisme! Or, ce sont ceux-là mêmes qui soutiennent le ministre qui participe au vote du budget des cultes (*interruptions, tumulte à droite.*)

LAFARGUE. — Mais ce détour de la lutte anticapitaliste
vers la lutte anticléricale n'est pas la seule conséquence du
danger produit par l'entrée d'un socialiste dans le gouvernement; on a vu dans des grèves la force armée bruta-
liser les grévistes, et quand, hier, nous avons voulu demander compte de cet acte, le citoyen Jaurès s'est levé
pour empêcher...

Cette fois, les clameurs éclatent plus violentes que jamais. Pendant quelques minutes, la droite crie : « A Bordeaux! à Bordeaux! » par allusion au pacte conclu il y a
quelques années entre les légitimistes et les collectivistes
de cette ville; la gauche réplique par le cri : « Galliffet!
Galliffet!» Des délégués déclarent qu'ils ne laisseront plus
parler Lafargue; à quoi des guédistes répondent que personne ne parlera plus.

Cependant le tapage s'apaise par sa violence même et
Lafargue, qui a terminé sa besogne, conclut :

« J'ai admiré Jaurès qui, pouvant devenir ministre, est
venu de la classe bourgeoise apporter au socialisme son
merveilleux talent, sa force révolutionnaire et son activité.
Je suis d'autant plus attristé de ce qui arrive, car il est condamné par la situation dans laquelle s'est mis le citoyen
Millerand...

Ces mots soulèvent de nouveau les colères. La droite
crie :

— Vive Jaurès! Vive Jaurès!

La gauche:

— Galliffet! Galliffet!

De droite et de gauche, les délégués s'avancent les uns contre les autres ; les poings se lèvent, les bouches profèrent des injures; au fond de la salle on se bat. Une diversion seule peut mettre fin à cette scène. Le bureau annonce qu'il va faire procéder au vote pour la nomination de la Commission générale et que, par 5 voix contre 3, il est d'avis que, le vote par mandat n'ayant pas été demandé par le dixième des mandats représentés, on adopte le vote par tête.

« Non! non! » crient les guédistes; et soudain des émissaires parcourent leurs rangs, jetant sans doute un mot d'ordre, car voici qu'ils poussent tous ensemble le cri: « Votera pas! Votera pas!» C'est là une habile manœuvre et qui doit réussir. En effet, au bout d'une demi-heure, le bureau annonce que le scrutin, n'ayant réuni que 316 suffrages, sera recommencé demain.

TROISIÈME JOURNÉE

Tandis que Groussier, élu président, hisse jusqu'au bureau sa barbe de fleuve, Sembat annonce que, l'accord s'étant fait entre Walter et Jaurès quant à la composition de la Commission, le Congrès est saisi de la proposition transactionnelle suivante :

« Chaque organisation sera représentée dans la Commission par un minimum de trois délégués; chacune aura droit, en outre, à un délégué supplémentaire par cinquante mandats.»

Quelques délégués de droite se demandent quelle différence il y a, en fait, entre cette proposition et celle faite
la veille par Walter. De leur côté, les guesdistes triomphent. Ils triomphent même trop et leur audace ne connaît
plus de bornes. Un Rolland quelconque ne demande-t-il
pas en leur nom que, « chaque fois que le vote par mandat
sera réclamé par une organisation, il soit mis aux voix...
et adopté »?

Moreau, secrétaire du syndicat des Omnibus de Paris,
qui joue le rôle de la mouche du coche et se permet parfois de parler au nom des syndicats absents du Congrès,
Moreau proteste contre la proposition Walter-Jaurès. Les
guesdistes tentent de couvrir sa voix; mais l'organe so-
nore dont l'a doué dame Nature domine le tumulte. « On
comprend, dit-il, le vote par mandats pour les questions
inscrites à l'ordre du jour, parce que les détenteurs de ces
mandats ont pu avant le Congrès prendre les instructions
de ceux qui les déléguaient; mais il n'en est pas de même
pour les questions nées, comme celle-ci, au cours du
Congrès. Les mandats indirects ne sont pas la représentation des groupes.

A gauche. — Nous protestons. Il n'y a pas ici de mandats indirects.

Comme cette discussion peut devenir dangereuse pour
eux, les guesdistes prennent le parti de l'obstruction. Le
radical-socialiste André Lefèvre veut parler. A gauche on
crie : il ne parlera pas ! La clôture ! Lefèvre tente de laisser passer l'orage ; mais, Groussier menaçant de quitter
la présidence, il se décide à abandonner la place. Mais ô
surprise ! voici qu'à son tour un guesdiste paraît à la tribune. Parlera-t-il ? non. Au milieu de la cohue, Chauvin
se glisse jusqu'au pied de l'estrade et fait signe à son aco-
lyte de déguerpir... Enfin, Groussier peut mettre aux voix
la proposition Walter-Jaurès, qui est adoptée à l'unanimité, et le Congrès reprend la discussion, l'interminable

discussion sur la participation d'un socialiste au gouvernement.

Zévaès, qui raisonne presque aussi « scientifiquement » que Lafargue, conteste que l'entrée d'un socialiste dans le gouvernement soit la conséquence de la prise de possession des municipalités et du parlement, c'est-à-dire la théorie de la conquête des pouvoirs publics. « Il ne peut y avoir, dit-il, aucune assimilation entre les hommes élus directement par le prolétariat et ceux qui ne peuvent être choisis que par le représentant de la classe bourgeoise : le Président de la République. Nous sommes résolus à combattre aussi bien les radicaux de l'extrême gauche que ceux de l'extrême droite, car un ministre socialiste lui-même... je veux dire : un socialiste devenu ministre, n'arrive au pouvoir que pour couvrir les infamies du gouvernement, donner sa sanction, par exemple, à des poursuites comme celles qui ont été décidées contre Urbain Gohier.

Carnaud. — Alors, pourquoi Zévaès a-t-il voté pour le ministère ?

Ce coup droit a interloqué Zévaès, car, au lieu de répondre du tac au tac, il dit : « Je suis interrompu par quelqu'un qui, du Parti ouvrier français, est passé aux Indépendants.

La gauche applaudit et crie : Démission ! démission ! Carnaud escalade la tribune. Zévaès, qui manque décidément d'assurance, s'explique :

« Je me suis borné à constater que Carnaud, autrefois représentant de groupes du Parti ouvrier français, représente ici des groupes de socialistes indépendants. »

Carnaud. — Je représente la Fédération socialiste des Bouches-du-Rhône.

Un guesdiste. — Des Bouches-qui-mentent.

Zévaès. — La preuve qu'un ministre ne peut pas exercer dans le gouvernement l'opposition socialiste, et que sa présence même est de nature à paralyser l'action socia-

liste, c'est qu'elle nous a empêchés de voter la suppres_
sion des fonds secrets. Jaurès se plaint que nous parais-
sions vouloir diviser les socialistes en deux partis : celui
des réformistes et celui des hommes qu'il appelle les gar-
diens de la pure doctrine. Mais est-ce nous qui avons créé
cette espèce de scission ? Il y a quelques mois, l'accord
existait entre les réformistes et les révolutionnaires ; cet
accord n'a cessé que lorsqu'un des nôtres nous a quittés
pour entrer dans le gouvernement. Est-ce nous qui avons
déclaré il y a cinq jours au banquet du Commerce, que le
premier devoir d'un socialiste est le respect à la loi? (*Ap-
plaudissements.*)

Mais, parce que nous sommes révolutionnaires, s'ensuit-
il que nous attendions du haut de la pure doctrine une ca-
tastrophe qui opérerait la transformation sociale ? Non.
Nous disons, au contraire, qu'il faut organiser le prolétariat et préparer de toutes nos forces un 24 février ; et puisqu'avec cette tactique nous avons grandi, puisqu'avec elle
nous n'avons cessé de marcher de victoires en victoires,
pourquoi l'abandonnerions-nous, quand l'autre, à peine
expérimentée depuis trois mois, n'a donné que des décep-
tions? Nous devons choisir entre le chemin du ministère
et le chemin de la révolution.

A Zévaès succède Létang, et, pour la première fois, le
débat prend une ampleur tragique. C'est que Létang, bien
qu'entré au Parlement, est resté l'homme simple, le travailleur obscur, qui vibre de toutes les colères du peuple
et par là même les expose en un langage saisissant. Nous
sentons tous que ce prolétaire va dire des paroles de vérité
qui flagelleront la gauche comme la droite et qui trouveront un écho dans notre foi anarchiste.

Létang. — Les députés socialistes votent contre les lois
scélérates quand il y a un ministère Dupuy, et ils votent
pour, sous prétexte de ne pas créer de difficultés gouver-
nementales, quand ils ont en face d'eux un ministère

Waldeck. Comédie ! Comédie ! Nous ne sommes pas au Parlement pour y faire des lois ; nous sommes au Parlement pour crier la protestation du peuple en révolte... Oui, M. Millerand est prisonnier de la caste bourgeoise. Nous l'avons bien vu, Maxence Roldes et moi, quand, dans la grève du Creusot, nous dûmes opposer nos écharpes, nos sous-ventrières, aux soldats de M. de Galliffet, collègue de M. Millerand... Ah ! les bourgeois sont habiles ! Le meilleur tacticien qu'il y eût au Parlement, ils l'ont circonvenu, ils l'ont pris ; ils en prendront d'autres, aussi brillants orateurs st qui auraient pu exercer une si noble action révolutionnaire... Si vous soutenez qu'un socialiste peut entrer dans un ministère, vous jetterez les révolutionnaires dans l'anarchie et dans la révolte. En mettant Millerand au ministère, la bourgeoisie l'a amoindri ; quand, au lieu d'un homme intelligent, elle y mettra des imbéciles, le parti socialiste sera perdu.

Cris au fond et dans les tribunes. — Vive l'anarchie !

C'est le tour de Viviani. Avant qu'il paraisse à la tribune, Lafargue passe dans les rangs de ses amis et réclame d'eux un silence absolu.

VIVIANI. — Ce serait pour moi une chose douloureuse si l'on oubliait que, appelés sur les hauteurs de Belleville pour y défendre la candidature de Vaillant, nous avons été heureux tous d'y trouver le concours d'un radical nommé Pelletan. Si l'on admettait la tactique de l'abstention ministérielle, mais on arriverait à repousser même la conquête des hôtels de ville, toute conquête des pouvoirs publics. Est-ce qu'on peut vraiment assimiler le ministre Millerand à M. de Mun ? Allez donc dire cela aux coopératives, dont Lafargue parlait hier avec un si superbe dédain, et aux organisations syndicales.

D'ailleurs, permettez-moi de rappeler que, si nous avons fait des concessions à la classe bourgeoise, vous en avez fait aussi. Si Millerand s'est abstenu dans le vote sur la suppression de l'ambassade auprès du Vatican, est-ce qu'il y a deux ans, alors qu'existait le ministère Bourgeois, je ne me suis pas rencontré avec Guesde pour voter le maintien des lois scélérates? Zévaès disait tout à l'heure : « Nous ne connaissons que des ennemis depuis les radicaux d'extrême gauche jusqu'à ceux d'extrême droite. » Direz-vous cela le 1er mai prochain ?

Voix à gauche. — Oui ! oui !

Viviani. — Ebers a exprimé l'avis que la participation d'un socialiste au ministère « solidifie » ce ministère. Eh bien ! je m'empare moi-même de ce mot, et j'ose dire que chaque fois que vous, révolutionnaires, vous demandez et obtenez une réforme ouvrière, vous infusez à la société bourgeoise une force nouvelle. Faudrait-il donc ne faire que prêcher la pure doctrine, rester sur les hauteurs, planer dans l'éther et déserter, sinon la lutte, tout au moins la responsabilité de la discussion socialiste ?

Après Viviani viennent Colly, qu'il nous étonne de voir en cette galère, malgré son titre d'élu socialiste, et Briand qui fait merveilleusement le procès aux guesdistes en leur rappelant qu'hostiles d'abord même à la lutte électorale, puis au programme dit minimum, ils en arrivèrent à atténuer tout comme les autres leur intransigeance de la première heure et à légiférer pour la « petite propriété paysanne ». En passant, un bien joli mot : « Si nous avons glissé sur la pente, dit Briand, c'est que vous l'aviez savonnée vous-mêmes. » Ce mot met en fureur la gauche. On entend l'épithète d'anarchiste, et Zévaès, qui se permet une insolence, est traité en galopin. Briand parle également de la grève générale, rappelle que, votée sur sa demande au Congrès corporatif tenu à Marseille en 1892, elle fut repoussée deux jours après par les mêmes délégués réunis en Congrès politique. Et comme le grotesque Roussel proteste : « Je comprends, lui dit Briand, qu'il te déplaise d'entendre dire que tu as changé deux fois d'avis en quarante-huit heures. » Cette fois, les blanquistes eux-mêmes applaudissent. Alors les guesdistes, craignant qu'un débat immédiat sur la grève générale n'éloigne d'eux le centre, font observer que Briand a excédé le temps de parole réglementaire. Briand, donnant dans le piège, au lieu de demander une prolongation qui lui serait accordée puisque son discours n'a cessé d'être interrompu, consent à terminer son discours si le Congrès décide que la grève générale sera discutée à part. Le Congrès en décidant ainsi, Briand se retire : un triomphe de plus pour la politique guesdiste.

C'est, enfin, le tour de Guesde. Mais Guesde tient résolument à ne parler que le dernier. Peut-être a-t-il appris qu'Allemane s'est fait inscrire et craint-il quelque embûche. La droite crie : Guesde ! Guesde parlemente et obtient qu'Allemane le précède à la tribune.

Que dit Allemane ? Rien. A mesure qu'il parle, le Congrès tout entier manifeste sa déception. En vain objecte-t-on qu'il est malade. Quel besoin le pressait, répond-on, de prendre la parole, si ce n'était pour revendiquer hautement en faveur de son parti l'attitude intransigeante indûment prise par le Parti ouvrier français et le Parti socialiste révolutionnaire ? Du reste, les allemanistes font en ce Congrès si triste mine que, désormais, chaque orateur amené à énumérer les organisations socialistes en lutte, se croira le droit de passer purement et simplement sous silence le Parti ouvrier socialiste révolutionnaire. Paix donc à ses cendres !

Et voici Guesde, que salue le cri : A bas le pape ! Avouons-le : si Guesde, pour quiconque a lu le Congrès du Havre, l'*Égalité*, les considérants du programme, joue simplement un rôle, il le joue merveilleusement. Nul, à l'entendre, ne croirait avoir devant lui l'homme qui fit naguère *chanter* le parlement en menaçant ceux qui repousseraient les lois ouvrières des vengeances anarchistes.

Un admirable comédien, c'est lui, et il faut désespérer de trouver la droiture humaine chez les politiques en constatant que personne ne lui retira son masque et que si la réalisation de l'unité socialiste indique la dissolution future de son parti, en ce Congrès, du moins, il fut jusqu'au bout le dominateur, imposant ses conceptions, non pas avec la dialectique de Vaillant ou la chaleur de Jaurès, mais par l'unique force de ses sept ou huit cents mandats et de menaces ouvertes de scission.

Il débute en rappelant le premier Congrès de Marseille et déclare qu'il proteste contre l'entrée d'un socialiste au ministère, non pas seulement au nom de son parti, mais encore au nom de tous ceux qui prirent part à la constitution du parti socialiste et qui, tout divisés qu'ils fussent, n'auraient pas cru alors qu'on pût mettre en question la participation du parti au gouvernement. Puis, utilisant une consultation faite par la *Petite République* auprès des chefs des divers partis socialistes d'Europe, il proteste aussi au nom des « révolutionnaires » étrangers, Bebel, Schœnlank, Liebknecht...

Une voix a droite. — A bas Liebknecht !

La foudre tombant au milieu de la salle ne causerait pas une stupeur plus grande que celle causée par ce cri. Imaginez un homme criant, à Notre-Dame, au moment où toutes les têtes sont courbées devant le Saint-Sacrement : A bas dieu ! et vous aurez une approximative conception de la douleur et de l'effroi d'abord, puis de la colère peints sur les visages guesdistes. En un clin d'œil la tribune est envahie. Lafargue, croyant que Jaurès veut prendre la défense de Liebknecht et grotesquement indigné de ce qu'il considère comme l'injure suprême, se précipite contre lui, la canne haute, et ses amis doivent le retenir. Sembat, qu'on aurait cru plus théoclaste, et maint autre qui, en temps ordinaire, traiteraient Liebknecht aussi légèrement que Marx a fait Proudhon, font chorus avec Chau-

vin, Melgrani *e tutti quanti*. Maurice Charnay, qui approuve l'interrupteur, est violemment pris à partie. Mais qui donc a commis ce crime de lèse-divinité ? Un guesdiste traverse de part en part les rangs du P. O. F., criant à droite et à gauche : C'est Joindy. Joindy est invité à expliquer sa protestation. Il le fait très crânement, sous le feu des injures dont le couvre la gauche. « Il n'a pas besoin dit-il, d'affirmer à nouveau la pureté de ses sentiments internationalistes ; mais il n'a pu contenir son indignation en lisant, ce matin, dans l'*Intransigeant* et dans la *Libre Parole* les articles rappelant les sentiments haineux... » Cette façon de s'expliquer, bonne pour des hommes libres, inacceptable pour des parlementaires, fait renaître le tumulte. L'exclusion de Joindy est prononcée. Vainement Lévy proteste, alléguant que Joindy ne tient pas son mandat du Congrès ; vainement Fabérot essaie d'atténuer la portée de l'interruption. Hors d'ici l'homme qui osa cracher sur la barbe des dieux !

Guesde reprend. Il démontre l'impuissance absolue d'un socialiste noyé dans une majorité ministérielle et il rappelle, à ce propos, que bien que la Chambre des députés eût, en janvier 1899, décidé d'attribuer aux ouvriers la moitié des sièges du conseil supérieur du travail, Millerand n'a pu leur en attribuer que le tiers. Mais l'accession d'un socialiste au ministère n'est pas seulement l'impuissance ; elle est aussi la faillite des espérances. Quand on apprit qu'un socialiste était ministre, on crut qu'une ère nouvelle commençait pour le prolétariat ; alors partout on se leva : au Creusot, dans le Doubs. Mais que trouva le peuple soulevé ? la même cavalerie, la même infanterie qu'il a toujours trouvées en face de lui. On avait fait croire au prolétariat qu'il venait de conquérir le pouvoir, quand c'était le pouvoir qui allait le conquérir ; alors il demanda à être payé, on le paya en charges de cavalerie. Ce fut la banqueroute.

Si l'on continue, qu'arrivera-t-il ? C'est que le prolétariat, ayant perdu toute foi, ira à la propagande par le fait ; n'ayant plus confiance dans les hommes, il se confiera aux éléments, à la chimie révolutionnaire. Et vous, alors, qui avez dit que c'est dans le moule républicain que doit se faire le socialisme, vous aurez créé le plus formidable danger que puisse courir votre République. En donnant des espérances que vous ne pouvez pas réaliser, vous ne sauvez pas la République, vous la livrez à la désespérance des masses.

Enfin, à l'impuissance et à la faillite, votre politique ajoutera la mort de l'internationalisme. Les bourgeois, ne voulant plus que leurs fils deviennent chair à canon, renoncent aux guerres continentales ; mais ils les remplacent par les guerres commerciales, avec le but d'imposer leurs produits aux jaunes de l'Extrême-Asie comme aux nègres de l'Afrique. Vous figurez-vous alors un Millerand français, un Millerand italien, un Millerand allemand, favorisant ces expansions coloniales, basées sur l'égoïsme et l'antagonisme les plus irréductibles ? Mais ce serait la fin du socialisme international.

Ces paroles agitent diversement l'assemblée, mais il n'est pas douteux qu'elles traduisent, avec l'opinion de la gauche et du centre, celle même d'une partie de la droite, et si le congrès devait se prononcer immédiatement sur la question, Jaurès serait battu. Mais les parlements ne s'accommodent point de solutions nettes et spontanées ; il leur faut les marchandages et les compromis des commissions. Guesde est donc remplacé à la tribune par Heppenheimer, qui ne félicite pas seulement Millerand de décrets et de mesures incontestablement socialistes, mais qui attribue à ces décrets des conséquences sérieuses sur l'évolution ouvrière. Heppenheimer trahit ainsi la pensée même de Millerand. qui, s'il avait, ministre, la liberté d'opinion de l'homme sans place, n'hésiterait sans doute pas à dire aux organisations ouvrières : « Accueillez tout ce que je puis obtenir pour vous par mes fonctions ; mais ne croyez pas que cela vous dispense désormais de tout effort personnel ; ne vous abusez même pas sur la valeur de ces palliatifs et surtout gardez-vous de croire que le socialisme ait définitivement conquis l'empire bourgeois. »

Ponard est à la tribune : Ponard, un Jurassien libertaire, qui s'insurge contre la baroque expression dont s'est servi Vaillant pour déguiser le jacobinisme de ses principes sous l'apparence d'un doucereux libéralisme. Quoi ! il y aura, au lendemain de la révolution, une période indéterminée pendant laquelle, sous couleur d'une « dictature imperson-nelle » du prolétariat, des gouvernants improvisés et irres-ponsables pourront lâcher la bride à leurs appétits de do-mination ? Non, non : « le premier acte de la révolution devra être la destruction de l'État et la proclamation de l'autonomie des communes. » Ce langage trouve un écho d'un bout à l'autre de la salle, et les deux ou trois gues-distes qui réfléchissent peuvent se rendre compte de la force que possèdent, même chez les socialistes qui croient à l'efficacité de l'action parlementaire, les idées fédéralistes et anarchistes semées par Proudhon et Bakounine.

Passons sous silence l'orateur qui suit : les traîtres, même quand ils se décident à parler notre langue, ne sont point de nos amis.

La liste des orateurs étant épuisée, les guesdistes, à la surprise générale, demandent que le Congrès se prononce immédiatement sur la première question de l'ordre du jour. Pourtant la Commission générale nommée la veille avec tant de peine, a pour objet de condenser en deux rap-ports (l'un de la majorité, l'autre de la minorité) les opi-nions apparentes du Congrès, et c'est sur ces rapports que le Congrès doit statuer. Tout cela est évident ; mais comme, à cette heure, le succès du centre et de la gauche est cer-tain, les guesdistes qui craignent la nuit (mauvaise con-

seillère), se soucient fort peu du protocole. « Le vote ! le
vote ! » clament-ils. Jaurès veut parler. « Non ! non ! »
crie la droite ; « aux voix ! le vote ! » Des délégués accou-
rent à la tribune, s'agitent, pérorent, puis jettent dans le
bruit et dans la fumée dès paroles que personne n'entend
et que personne n'écoute. Groussier, qui n'a ni la délicatesse de touche ni la fermeté de Sembat, perd la tête,
tourne à gauche et à droite des regards suppliants, es-
quisse des gestes apaiseurs, brandit sa règle, agite sa sonnette. Peine perdue. « Aux voix ! aux voix ! » répètent les
guesdistes et les blanquistes. Colly veut parler : « Aux
voix ! aux voix ! » Delory lui-même propose que la Commission présente dès demain un rapport au Congrès.
« Non ! le vote ! le vote ! » Et le parti pris de la gauche
paraît irréductible. Quiconque veut parler est accueilli par
des clameurs. Alors Groussier lève la séance. Mais la gauche
est décidée même à un coup d'Etat. « Ne partons pas »,
crient les guesdistes ; « nous allons former un nouveau
bureau ». Ceci devient grave. Si ce bureau est formé, le
Congrès peut se dissoudre : la scission nouvelle sera irréparable. Jaurès le comprend et, prenant à partie Zévaès :
« Prenez garde, Zévaès ! Vous assumez une responsabilité
effroyable devant la France socialiste, devant le monde entier, une responsabilité qui vous suivra partout et toujours ! » Cette apostrophe calme le jeune énergumène.
Dans un éclair il se rappelle que les socialistes de tous les
pays se sont prononcés pour l'unité socialiste française, et,
si passionnément qu'il désire jouer dans ce Congrès même
un rôle exceptionnel, il y renonce, craignant l'effondre-
ment futur. Il monte alors sur la table présidentielle et,
tel Déroulède « parlant au nom de la patrie : » « Levons
la séance, dit-il, au cri de : Vive la Révolution sociale ! »
Une fois de plus, le collectivisme a conquis l'Alsace-Lor-
raine.

QUATRIÈME JOURNÉE

Voici la journée décisive. Ce matin, avant l'ouverture du Congrès, chaque organisation a arrêté la conduite que devront tenir ses représentants dans le débat. Les corps se sont retrempés pour la lutte et plus que jamais les âmes sont belliqueuses.

Les guesdistes débutent par un accès de cabotinisme. Au lieu de demander ou d'accepter sans phrases la réintégration de Joindy, ils veulent « considérer » et ils « considèrent » qu' « après avoir approuvé l'expulsion de l'homme qui a insulté en Liebknecht... », ils sont pour le parti de l'indulgence. Encore l'un d'eux proteste-t-il contre la réadmission : « Il a déshonoré le Parti ouvrier ». Qui donc ? Joindy ? Oui, ne vous en déplaise, et si la terre ne s'est pas entr'ouverte sous les pas du blasphémateur, c'est que Dieu n'a pas encore adhéré au parti marxiste.

La réintégration votée, la Commission générale se constitue et se retire pour délibérer. En attendant qu'on connaisse son avis, le Congrès aborde le paragraphe *b* de l'article premier de l'ordre du jour et Briand est invité à parler sur la grève générale.

Ah ! Briand n'a pas pour la gauche les ménagements de Jaurès. Politicien au même titre que les guesdistes, mais libre de tout doctrinarisme et fort heureux de rappeler qu'il fut le second à discourir et à écrire en France sur la grève générale, il porte successivement à ses adversaires les coups les plus violents et les pointes les plus acérées, projetant sur leurs palinodies une lumière vive et prouvant que la situation qu'ils dénoncent avec tant d'amertume, ce sont eux, et eux seuls, qui l'ont créée. « Nous avons glissé sur la pente, a-t-il dit la veille, parce que vous l'aviez savonnée. »

La grève générale, commence-t-il, a été adoptée dans tous les Congrès corporatifs depuis 1892 ; mais on l'a combattue dans les milieux politiques parce qu'au lieu d'être née de tel ou tel cerveau, elle est entrée dans le monde comme le produit de l'évolution économique. Dès le seuil de cette discussion, je dois déclarer, au risque de paraître cultiver le paradoxe, que je ne suis pas partisan de la grève, que je ne suis pas un prêcheur de grèves, du moins sous la forme qu'elles prennent aujourd'hui ; je suis contre les grèves partielles.

La grève partielle est impuissante parce que le syndicat, toujours isolé, lui, dans les luttes économiques, se heurte toujours non seulement contre la personne même de son adversaire, mais contre toutes les forces sociales coalisées avec ce dernier. C'est parce que dans chaque conflit se trouvent engagés, d'une part, avec le patron le patronat tout entier, d'autre part, des forces ouvrières isolées, que les syndicats ont cherché un moyen de lutte meilleur que la grève partielle.

Qu'est-ce que doit être l'organisation syndicale ? Ce doit être évidemment la totalité du prolétariat ; et d'ailleurs, ce que tout le monde désire, c'est une confédération générale du travail. Or, si, dans le sein de chaque syndicat, il vous est interdit de proscrire la grève générale de la corporation, comment pourrez-vous, lorsqu'il y aura fédération solide de tous les éléments ouvriers, interdire à cette fédération d'envisager l'éventualité d'une grève générale de tous les métiers, dressant contre le patronat tout entier le prolétariat tout entier ? La grève générale est une utopie, avez-vous dit naguère ; alors, dites aussi que vous considérez comme utopique l'association complète des travailleurs.

Tout à l'heure on m'objectait : la grève générale, mais

c'est la révolution. — Sans doute, c'est la révolution. — Mais, alors, si c'est la révolution, pourquoi, diront les uns, ne pas prêcher la révolution tout de suite ? Et comment, diront les autres, pouvez-vous songer à décréter la révolution, même sous une forme nouvelle ? Eh ! je sais bien qu'on ne décrète pas une révolution ; pourtant, ne reconnaîtrez-vous pas avec moi que la volonté humaine peut hâter les événements ? Évidemment si, et c'est dans cette pensée qu'hier Guesde disait que la révolution doit se faire à coups de fusil. Mais où sont-ils, vos fusils ? (*Agitation à gauche.*)

A quoi tient, dans l'état actuel des choses, la réussite d'une révolution ? A la rapidité avec laquelle on pourra mobiliser le prolétariat sur tout le territoire. Or, la grève est un instrument de mobilisation admirable. Elle donne à l'homme une quiétude et une force parce qu'il sent qu'au lieu de marcher à la mort tout seul, la solidarité entraîne avec lui tous ceux qui souffrent comme lui ; il sait d'ailleurs qu'il peut refuser ses bras. Le mouvement revêt donc, au moins au début, un caractère de légalité : c'est la révolte fortifiée par la conscience du droit. Ce qui s'enfonce dans l'illégalité, c'est la classe bourgeoise retirant au travailleur l'exercice d'un droit primordial.

Et l'armée ? N'est-ce pas un facteur avec qui nous devrions compter, non seulement en temps de révolution, mais même si nous pouvions mettre légalement la main sur elle ?

Quelques voix à gauche. — La grève militaire.

BRIAND. — J'entends bien et je suis, pour le dire en passant, très heureux de constater que la propagande antimilitariste, trop longtemps négligée, trouve enfin des adeptes, et qu'on cherche à empêcher le jeune soldat d'oublier qu'il a vêtu et qu'il revêtira le bourgeron. Mais en sommes-nous là que nous n'ayons pas à nous préoccuper de la résistance militaire à la révolution ? Non, évidemment.

Eh bien ! c'est pour obvier à ce péril que nous préconisons la grève générale, car nous sommes persuadés que le soldat du midi hésiterait à tirer sur l'ouvrier du nord quand il songerait qu'à la même heure d'autres pourraient tirer sur les siens. Est-ce que l'admirable mouvement parisien auquel nous avons assisté...

A gauche. — Ah ! ah ! parlez-en ! Une escarmouche.

Briand. — Eh ! oui, escarmouche. Mais ce sont les escarmouches qui précédent les batailles. Et loin d'avoir perdu courage parce que l'issue de cet engagement ne lui fut pas favorable, le prolétariat n'aspire qu'à recommencer.

On objecte que, lorsque les travailleurs seront organisés pour une grève générale, ils pourraient être tentés de s'en servir à contre-temps. Mais cette objection, on peut aussi légitimement l'opposer à la révolution. La vérité est que, si les travailleurs se servaient de cet instrument dans des conditions défavorables, ils n'aspireraient qu'à venger leur défaite ; mais s'ils réussissaient, s'ils faisaient la révolution, vous seriez, j'espère, les premiers à vous en féliciter.

Ce discours, très applaudi par une partie de la droite, ne l'est pas moins par les blanquistes. Les guesdistes le constatent avec humeur et — la crainte étant le commencement de la sagesse, — pour la première fois depuis sept ans, ils vont, non seulement s'abstenir de condamner, mais accepter presque la grève générale. Il sera temps après le Congrès d'éliminer d'abord du compte rendu la décision qui aura été prise, puis de recommencer la campagne ancienne contre les « grève-généralistes ». Et, papelard, Delory débite ce petit speech, qui n'engage ni lui ni son parti, qui ne trompe personne, mais qui ne brise pas avant terme l'alliance conclue entre Vaillant et Guesde :

Delory. — Je tiens à vous soumettre les quelques hésitations que j'ai à accepter la proposition qui nous est faite. Sans doute, c'est une belle, image que Briand a exposée devant nos yeux, mais ce n'est qu'une image. Vous dites qu'il faut préparer la grève générale et habituer l'ouvrier à l'idée de quitter l'atelier. Hélas ! il en sort quelquefois, aujourd'hui, et il voit trop que cela ne lui rapporte pas grand'chose. Or, s'il commence par ne quitter que difficilement l'atelier, même pour un but déterminé, comme on l'a vu récemment en Belgique, comment obtiendrez-vous qu'il le quitte pour un mouvement sans but ? » Et Delory conclut : « Je n'ai pas, notez-le, d'objection particulière contre la grève générale, si vous consentez à ne la considérer que comme un des moyens révolutionnaires. Mais alors, n'en faites pas l'objet d'une propagande spéciale, comme s'il s'agissait d'un principe. »

On n'applaudit guère l'orateur guesdiste, tant chacun devine qu'il a parlé autrement qu'il ne pense. Lui-même d'ailleurs comprend la frigidité du congrès, car il s'assied très à l'aise et sa contenance donne l'impression d'un homme uniquement heureux d'avoir rempli sa tâche avec habileté.

Le débat, du reste, manque d'ampleur. La question Millerand, qui a absorbé jusqu'ici toute l'énergie du congrès, absorbe encore toute son attention, et les yeux se tournent impatients vers la porte derrière laquelle la commission discute les propositions de Jaurès et de Guesde. Aussi n'apporte-t-on plus à la tribune que des déclarations, très courtes et qui ne nous apprennent rien de nouveau. Et l'on se sépare à six heures pour se retrouver, dans deux heures, plus ardent à la bataille.

.   .   .   .

Un coup de sonnette, et le silence s'établit, profond comme dans une cathédrale. Delesalle, adjoint au maire de Lille, expose l'avis de la majorité de la commission.

— La question, dit-il, était ainsi posée : *La lutte de classes permet-elle la participation d'un socialiste à un ministère bourgeois?* Par 29 voix contre 28 et un absent, sur 58 commissaires, la commission a répondu : Non.

Mais, cette réponse faite, la commission a pensé qu'elle devait à l'intérêt du prolétariat de faire un effort pour que le fossé qui existe entre nos organisations ne soit pas encore approfondi, et elle a voté la résolution suivante, qui laisse de côté les faits accomplis :

« *Tout en admettant que des circonstances exceptionnelles peuvent se produire, dans lesquelles le parti aurait à examiner la question d'une participation socialiste à un gouvernement bourgeois, le congrès socialiste déclare que, dans l'état actuel de la société capitaliste et du socialisme, tant en France qu'à l'étranger, tous les efforts du parti doivent tendre à la conquête dans la commune, le département et l'État, des seules fonctions électives, étant donné que ces positions dépendent du prolétariat organisé en parti de classe, qui en s'y installant avec ses propres forces, commence légalement et pacifiquement l'expropriation politique de la classe capitaliste qu'il aura à terminer en révolution.* »

« Ce paragraphe, dit Delesalle, a été adopté par 49 voix contre 7, la plupart de nos camarades du Parti socialiste révolutionnaire et de l'Alliance communiste n'ayant pas cru pouvoir fléchir la rigidité de leurs mandats.

» La proposition recueillera, j'en suis sûr, l'unanimité des suffrages socialistes. Elle est inspirée par la concorde et l'union. Elle ne regarde pas dans le passé ; elle se tourne vers l'avenir. Il n'y a en elle aucune abdication. »

Voix au centre. — Si ! si !

DELESALLE. — Non. Elle réserve pour le parti la possibilité de décider toujours lui-même sur sa tactique et sur ses destinées.

La parole est maintenant à Landrin, pour la minorité qui comprend tous les blanquistes sauf J.-L. Breton, député du Cher.

LANDRIN. — J'approuve l'appel qui vient d'être fait à l'union. Nous sommes les partisans résolus de l'union socialiste. Mais nous conservons l'avis qu'en aucune circonstance un socialiste ne peut entrer dans un ministère bourgeois. Cet avis n'est pas inspiré par un esprit de division ; nous croyons que le parti socialiste ne peut être fort que s'il est uni, mais nous croyons, en outre, qu'il ne peut être uni que s'il s'appuie sur des principes inaltérables et qu'il est impossible, avec les règles du parlementarisme, qu'un socialiste entre dans un gouvernement bourgeois sans abdiquer. C'est pourquoi nous demandons au congrès de se prononcer sur la proposition que le citoyen Vaillant a lue à cette tribune et que voici :

Dans une période de révolution, le premier devoir du parti est de s'emparer du pouvoir politique et de réaliser dans la mesure du possible et pour son émancipation la dictature impersonnelle de la classe ouvrière.

Dans le régime capitaliste, un parti ne peut demeurer fidèle à la politique et à la doctrine socialistes révolutionnaires et au principe de la lutte de classes qu'en étant et en restant un parti d'opposition au parti bourgeois, au pouvoir central, au gouvernement de la bourgeoisie : un parti de révolution.

Les élus, citoyens délégués par le parti dans les conseils municipaux et au parlement pour cette politique d'opposition et de révolution, peuvent et doivent accepter toute fonction élective.

Aucun membre du parti ne peut, sans être considéré comme exclu de fait, accepter un poste ministériel ou une participation quelconque au pouvoir central du capitalisme bourgeois.

J.-L. Breton. — Je demande la parole pour expliquer mon vote.

Cris. — « Aux voix ! Aux voix ! »

Le président. — Le règlement est formel, on va procéder au vote. Le bureau demande seulement une suspension de séance de cinq minutes.

A gauche. — Oui! oui !

Une suspension? Pourquoi donc? On ne tarde pas à l'apprendre. Guesde a demandé la suspension pour pouvoir faire connaître aux siens que les commissaires délégués par le P. O. F. ont pris l'engagement d'honneur de ne faire voter que la résolution lue par Delesalle. Mais cette fois les guesdistes les plus domestiqués se révoltent.

« Il y a trois jours, dit l'un d'eux, que nous luttons avec les blanquistes ; allons-nous maintenant les trahir? » D'autres, parmi lesquels Phalippou, crient : « Si nous votons la transaction, nous ouvrons la porte à toutes les compromissions. Après Millerand, nous aurons Viviani. »

Le danger devient sérieux. Alors les chefs guesdistes tentent une diversion. A la reprise de la séance, Constant déclare en leur nom qu'ils ont voté en principe la proposition Vaillant : un socialiste ne doit pas devenir ministre ; mais, ajoute-t-il, nous ne pouvions pas refuser une petite concession de forme...

Jaurès ne bronche pas, mais les guesdistes protestent.

Constant. — ... Les deux propositions ne s'excluent pas...

Cris. — C'est de la fumisterie.

J.-L. Breton demande la parole ; mais les membres du Parti socialiste révolutionnaire lui barrent le chemin de la tribune. Jaurès à son tour veut parler. « Non ! non ! » crie la gauche et voici que retentissent de nouveau les cris si souvent entendus depuis quatre jours : « Galliffet ! Galliffet ! » — Vive Jaurès ! vive Jaurès ! » Jaurès attend la fin de la tourmente ; puis, croyant pouvoir s'expliquer, s'avance au bord de la tribune. Mais la clameur éclate plus furieuse : « Galliffet! Galliffet ! » Les coups de sifflet déchirent l'air. La droite riposte toujours par le cri : « Vive Jaurès ! vive Jaurès ! » Cette fois la discorde est complète dans le camp guesdiste. « On m'engueule », dit tristement Delesalle à un ami. Et comme Guesde manifeste à son tour l'intention de monter à la tribune, guesdistes et blanquistes protestent violemment. Faillet crie : « Nous voulons le vote ; on se moque de nous » ; Vaillant : « C'est un escamotage ». Non, ce n'est pas un escamotage, c'est pire : un marchandage, un trafic de consciences et d'opinions. Walter, qui a demandé qu'on ne dépose plus d'amendements, veut justifier cette demande. La droite le hue ; un délégué l'interpelle. « Merde ! » répond-il ; et la droite riposte sur l'air des *Lampions* par le mot : vidangeur ! vidangeur ! Walter est obligé de regagner sa place.

Fournière qui préside cette inoubliable séance attend quelques minutes, puis il tente de nouveau de donner la parole à Guesde. Mais que vient-il de se passer ? A l'invitation de Fournière, Guesde répond : « La lecture de mon amendement suffit », et tandis qu'il retombe sur son banc, un certain nombre de ses amis faisant chaîne depuis la place qu'il occupe jusqu'à la tribune le dérobent aux regards. Alors éclate la scène la plus tragique qu'ait vue ce Congrès. Jaurès, qui flaire une trahison, bondit au bord de la tribune.

JAURÈS. — Je demande la parole pour un rappel au règlement...

En vain la théorie de guesdistes qui lui cache Guesde essaie-t-elle de couvrir sa voix. Des éclairs dans les yeux, le doigt menaçant, il crie : « Guesde, il y a un acte de déloyauté. Guesde ! Jules Guesde ! c'est une trahison ! Guesde vous avez le devoir de parler au nom de votre parti... » A ces adjurations d'une incomparable puissance, un frisson s'empare de la salle. Nous-même, qui sentons pourtant dans la préoccupation de Jaurès toute la mesquinerie du calcul politique et le désir d'asservir, grâce à la parole d'un chef, les consciences révoltées, nous-même sommes gagnés par l'émotion, tant Jaurès paraît sincère et Guesde méprisable. La droite pousse un immense cri : « Vive Jaurès ! » Guesdistes et blanquistes redoublent de vociférations et tandis que Guesde, penché sur sa table, demeure impassible, la voix de Jaurès, tout à l'heure farouche comme une protestation, éclate maintenant terrible comme un ordre : — Guesde, c'est une trahison ! Je vous adjure de relever l'honneur de votre parti ! Guesde ! Guesde ! l'honneur ! l'honneur !

Toute la droite debout acclame Jaurès.

Jaurès. — Nous sommes des socialistes ! Guesde, je vous somme, au nom de l'honneur, de tenir vos engagements... Vous êtes sourd à l'honneur ! Guesde, je vous appelle ici ! Guesde, vous êtes déchu ! Vous êtes déshonoré ! Vous avez manqué à vos promesses ! »

Maintenant la droite chante : « Conspuez Jules Guesde ! Conspuez ! » Puis, avec cette spontanéité des foules, des bras hissent les bannières du Parti ouvrier socialiste révolutionnaire, de la confédération des Indépendants, de la Fédération des travailleurs socialistes, des syndicats et des coopératives, les membres de ces organisations se groupent, montent sur les tables, et en un clin d'œil une formidable garde du corps se dresse à droite, face aux guesdistes. Un délégué écrit sur un tableau noir : « La voilà l'unité ». — « Voilà pourquoi vous ne vouliez pas accepter le public et la presse ». Tout à coup la masse des indépendants s'ébranle et, de table en table, lentement s'avance, comme un flot irrésistible, tandis que le vide se fait au centre et que les guesdistes, enfin domptés, consentent à s'asseoir et à faire silence. Une étincelle, et la droite expulsait la gauche du Congrès.

Jaurès. — Je viens porter devant le Congrès un rappel au règlement qui est aussi un rappel à l'honneur. Je n'ai rien à reprendre à l'attitude du Parti socialiste révolutionnaire ; dans la Commission et dans le Congrès il s'est conduit avec loyauté et correction ; dans la Commission, quand le Parti ouvrier français, par l'organe du citoyen Delesalle, est venu apporter un projet transactionnel, le

Parti socialiste révolutionnaire, par la voix de ses militants Vaillant, Landrin, Groussier, a déclaré qu'il le repoussait, et il a voté contre. Il a annoncé, en outre, que devant le Congrès il reprendrait la motion déposée par le citoyen Vaillant, et il l'a en effet reprise. Les hommes du Parti socialiste révolutionnaire se sont conduits en socialistes loyaux qui tiennent leurs engagements.

D'un autre côté, le Parti ouvrier français — le citoyen Delesalle parlant en son nom — avait apporté à la commission une proposition transactionnelle.

Nous avons alors déclaré, au nom de la confédération générale des socialistes indépendants, que nous étions prêts à abandonner nos propositions personnelles pour voter celle du parti ouvrier français, si, en retour, ce parti prenait l'engagement de la voter lui-même et de n'en pas voter d'autres. Par trois fois les seize délégués du parti ouvrier français se sont engagés d'honneur, en leur nom et au nom de leur parti, à ne voter que la proposition Delesalle.

Eh bien ! le parti ouvrier français est un parti discipliné. Qu'il prenne garde ! Cette discipline même le condamne aujourd'hui, car plus les chefs ont d'influence sur leurs troupes, plus ils sont eux-mêmes coupables si leurs troupes ne marchent pas. Vous avez déclaré, citoyen Guesde, que vous ne voteriez que la proposition Delesalle. Si je viens de le rappeler, ce n'est pas seulement pour avertir vos groupes qu'un engagement d'honneur a été pris en leur nom — et je suis persuadé qu'ils sauront le tenir. Mais c'est parce qu'il fallait bien que je dise pourquoi nous n'avons fait, nous, aucune proposition : c'est que nous en avions pris l'engagement vis-à-vis de vous, nous fiant à votre promesse comme à celle d'hommes de parole et d'honneur. Nous avons fait abandon de notre proposition personnelle par esprit de discipline. Eh bien ! s'il y a eu un malentendu, il faut que vous le dissipiez ; s'il y a eu félonie, il faut que vous en portiez toute la responsabilité.

Cette mise en demeure, incorrecte parfois puisqu'elle pose en principe que des hommes peuvent stipuler pour d'autres sans en avoir reçu mandat exprès, mais qui respire la sincérité et la loyauté, force Jules Guesde dans ses retranchements.

Quoi qu'il en ait, il faut qu'il monte à la tribune et s'explique. Il le fait d'assez mauvaise grâce.

Jules Guesde. — Le parti ouvrier français tient et tiendra ses engagements. Il a décidé de présenter au congrès, sous forme de proposition, sa propre résolution du congrès d'Épernay. Cette résolution, il la votera. Quand je suis monté à cette tribune, il y a une heure et demie, c'était pour rappeler à mon parti qu'il avait une parole à dégager. Or, à ce moment, le citoyen Jaurès m'a dit qu'il étai nécessaire de soumettre au congrès la question de principe. (*La lutte de classes permet-elle l'entrée d'un socialiste dans un gouvernement bourgeois?*) avant de lui soumettre la proposition Delesalle.

Jaurès. — Je demande la parole.

Jules Guesde. — Ce que j'affirme est l'absolue vérité ; et tous ceux du parti ouvrier français peuvent témoigner que, malgré leur opposition et leurs protestations...

Un blanquiste. — Elles ne dureront pas longtemps. (*Rumeurs.*)

Jules Guesde. — ... Je leur ai rappelé qu'il fallait tenir les engagements pris cette après-midi. Je les ai rappelés à leur devoir. L'amendement déposé par moi l'a été à la demande du citoyen Jaurès parce qu'il avait compris que ce qui s'était imposé à la conscience de la commission devait s'imposer aussi à la conscience du congrès. C'est une question préalable déjà tranchée par la commission et qui devra l'être aussi par le congrès. Quant à la proposition Delesalle, le parti ouvrier la votera...

Jaurès. — Et la votera seule ?

Jules Guesde. — Il y a des questions qui, posées à un

certain moment, sont presque injurieuses. Oui, le parti ouvrier français ne votera que cette proposition. Comme il a été unanime au sein de la commission, il sera unanime au sein du congrès.

On commence à comprendre qu'à la demande de Jaurès, Guesde avait présenté un amendement destiné à faire connaître l'avis du congrès sur la participation d'un socialiste au gouvernement bourgeois, mais qu'en expliquant cet amendement, il devait avertir « ses troupes » qu'il avait pris en leur nom l'engagement d'honneur de voter aussi le correctif que constituait la proposition Delesalle. Et c'est en entendant Guesde déclarer « la lecture de l'amendement » suffisante et refuser de monter à la tribune, que Jaurès avait enfin deviné le piège : le vote de l'amendement, puis l'abandon, sans doute, de la proposition transactionnelle aux hasards du scrutin, Guesde affectant de se considérer comme couvert par son avertissement *sotto voce* à ses soldats.

Jaurès. — Les citoyens Constant et Chauvin sont venus nous prévenir qu'il leur était impossible de tenir leur parole avant le vote de principe. J'ai répondu que je n'avais rien à objecter à cette décision puisqu'elle devait fournir à Guesde l'occasion de déclarer solennellement à cette tribune l'engagement que lui et ses amis avaient pris au nom de leur parti, et c'est quand j'ai vu que Guesde n'avertissait pas ses amis et se préparait à profiter du vote de l'amendement en gardant le silence, c'est alors qu'au nom de l'honneur je me suis permis de le rappeler à son devoir.

Ces explications ébranlent jusqu'aux guesdistes qui paraissaient tout à l'heure les plus irréductibles. Il ne s'agit plus de savoir si l'on votera pour un principe ferme ou pour un principe atténué, mais d'obéir à la consigne. Et l'on y obéira. Un guesdiste, montrant les blanquistes qui continuent à protester, s'écrie : « Voilà la queue qui nous gêne ; nous n'avons qu'à la couper ». D'ailleurs, pense la gauche, si « nous admettons que des circonstances exceptionnelles *peuvent* se produire dans lesquelles le Parti *aurait* à examiner la question d'une participation socialiste à un gouvernement bourgeois », nous pourrons toujours contester le caractère exceptionnel de ces circonstances et leur opposer la déclaration positive présentée par Guesde.

Les choses étant de la sorte éclaircies et les blanquistes consentant à ce que l'amendement de Guesde soit mis le premier aux voix, on scrutine. Puis, en attendant le dépouillement du vote, on propose de soumettre au Congrès le rapport Delesalle ou le rapport Landrin. Mais lequel aura la priorité ? Le vote se fait à mains levées. Et voilà que, pour la première fois depuis le début du Congrès, la gauche et la droite votent ensemble. A la contre-épreuve, les blanquistes restent seuls ; tous se lèvent et crient : « Vive la Commune ! » Zimmer ajoute : « A bas les ministres ! » Le rapport Delesalle va donc être à son tour l'objet du scrutin.

Voici les résultats du vote :

Amendement Guesde : *La lutte de classes interdit l'entrée d'un socialiste dans un gouvernement bourgeois. —* Oui, 818 ; Non, 634.

Proposition Delesalle : Pour, 1,140 ; Contre, 245.

C'est donc la paix et ce sera demain l'Unité ; mais quelle paix et quelle unité !

CINQUIÈME ET SIXIÈME JOURNÉES

Dans la crainte de nouveaux orages, le Congrès rappelle à la présidence Sembat, dont l'organe domine si majestueusement les clameurs. Mais les émotions de la veille ont manifestement épuisé les énergies. C'est en vain que le P. O. F. tente de les réveiller (1) et qu'Argyriadès leur fait violence (2). Las et morne, le Congrès proroge d'un jour le terme de ses séances et ouvre la discussion sur

(1) Le P. O. F., désolé que la *Petite République* et la *Lanterne* aient fidèlement reproduit les invocations faites la veille par Jaurès à l'honneur de Guesde, demande l'insertion au procès-verbal de la protestation suivante :

« Le P. O. F. proteste avec indignation contre les journaux dirigés par les membres du Congrès qui, depuis dimanche, n'ont pas cessé, tout en parlant d'union, de semer la division et la haine entre les grandes organisations et les groupes mêmes qui les composent. Il proteste avec non moins d'énergie contre le compte-rendu de la séance d'hier soir, dans lequel, à l'égard du parti et de son secrétaire pour l'intérieur Jules Guesde, sont articulées à plusieurs reprises des accusations de « manœuvre », de « déloyauté » et de « trahison ».

Laissant pour compte à ceux qui les emploient vis-à-vis de camarades des outrages qui ne sauraient l'atteindre, le P. O. F. pour la confusion de ses adversaires, se bornera à rappeler que la résolution dite transactionnelle, qui exclut dans l'état actuel de la société capitaliste toute participation socialiste à un gouvernement bourgeois, est l'œuvre même de notre Congrès d'Épernay, qu'elle a été confirmée par l'unanimité de nos délégués dans la réunion plénière du samedi 2 décembre, et que, par suite, pour la voter, comme il l'a fait, le parti pouvait d'autant moins hésiter qu'elle constituait le plus éclatant triomphe de la politique socialiste révolutionnaire. »

(2) « Attendu que le Congrès a décidé que la lutte de classe ne permettait pas l'entrée d'un socialiste dans un gouvernement bourgeois ; attendu qu'en admettant que des circonstances exceptionnelles motivent l'entrée d'un socialiste dans un ministère bourgeois, ces circonstances doivent être soumises à l'appréciation du parti socialiste tout entier ; attendu que le citoyen Millerand, sans avoir reçu aucun mandat du parti socialiste, parle au nom de ce parti dans ses discours ministériels, le Congrès décide :

» Qu'une délégation sera envoyée au citoyen Millerand pour lui communiquer la décision du Congrès et l'engager à s'y conformer en donnant sa démission de ministre.

» Que, faute de se soumettre à la décision du Congrès, le citoyen Millerand sera considéré comme exclu du parti socialiste et n'aura plus le droit de parler en son nom. »

L'UNITÉ SOCIALISTE

Léon Martinet, au nom de la Fédération des travailleurs socialistes de France, recherche les chances de succès que possède et les bases sur lesquelles pourrait s'établir l'unité. Un gage de succès, c'est l'acceptation par toutes les organisations socialistes de la formule d'adhésion au Congrès, laquelle comportait : la socialisation des moyens de production, l'internationalisme et la conquête du pouvoir politique par le prolétariat organisé en parti de classe. Quant aux conditions de l'unité, quelles peuvent-elles être? Tout d'abord, si l'on ne peut songer à supprimer entièrement les compétitions de candidatures, on peut du moins les proscrire des circonscriptions déjà représentées par un élu socialiste. Puis, en cas de ballottage, il est facile de faire l'union pour ainsi dire mécaniquement sur le nom du candidat le plus favorisé au premier tour. « Si, dit Martinet, il y a eu souvent à cet égard des hésitations, c'est que l'accord ne s'était pas fait officiellement sur les principes et que chaque candidat fondait le maintien de sa candidature sur la supériorité socialiste de son programme. Cette difficulté doit désormais disparaître.

Mais l'unité ne doit pas se manifester seulement sur le terrain électoral. Le Parti accomplit sur toute l'étendue du pays une propagande incessante, soit pour constituer des groupes d'étude et d'action sociale, soit pour aider et fortifier les mouvements populaires. Or, à ce point de vue, le Parti est déplorablement organisé et, ainsi que l'ont déjà fait remarquer plusieurs délégués, on fait parfois sans résultat des dépenses énormes qu'éviterait une organisation méthodique de la propagande. L'unité doit entraîner cette organisation.

Enfin, convient-il d'attendre le jour du scrutin pour contrôler les élus ? Non, il est nécessaire qu'il y ait un organisme central devant lequel tous les élus seront responsables. Ce n'est pas à dire que cet organisme doive être dictatorial ; les élus devraient même toujours conserver un droit d'appel devant le Congrès annuel du parti. Mais il faut un contrôle permanent, il faut offrir au corps électoral socialiste de précieuses garanties.

« En tout cas, conclut Martinet, quelle qu'en doive être la forme, affirmons au moins notre désir de l'unité. »

Marpaux, adjoint au maire de Dijon, commente, au nom des représentants de dix-huit départements qui l'ont acceptée, la proposition suivante :

« ... Il y a lieu pour le parti socialiste de constituer l'unité sur les bases de l'autonomie absolue des groupes communaux et de quartiers organisés en fédérations départementales. Tous les ans les fédérations départementales se réuniront en Congrès où elles seront représentées proportionnellement à leur importance. Ce Congrès sera souverain pour toutes les questions de principes et de tactique générale.

» Ils (les délégués ayant accepté cette résolution) nomment une Commission permanente chargée de transmettre aux fédérations les propositions émanant soit des groupes des fédérations départementales, ou toute autre communication intéressant le Parti. Cette Commission condensera les réponses des fédérations et les portera à la connaissance de tout le Parti.

» La Commission permanente recevra de tous les groupes, de tous les élus appointés, une cotisation destinée à faire les frais d'administration et de propagande générale. En outre des membres de la Commission permanente, les fédérations départementales choisiront un délégué correspondant ; ces délégués pourront assister comme auditeurs aux séances de la Commission ; dans les cas graves, ces délégués seront convoqués d'urgence et prendront de concert des mesures provisoires qui devront être ratifiées par les fédérations départementales.

» La Commission permanente répondra aux besoins de la propagande et de la lutte politique et économique et disposera pour cet objet des élus du parti. Elle sera chargée de surveiller l'exécution des décisions des Congrès annuels, nationaux et internationaux. » *Nous voulons l'union,* conclut Marpaux, parce que nous la croyons nécessaire; mais nous ne voulons faire disparaître aucune fraction du parti, ni les tendances qui prévalent dans telle ou telle région ; la base de l'union doit donc être le fédéralisme.

Soit. Mais, quoi qu'en pense Marpaux, le succès du pacte fédératif proposé par l'Est déterminera *ipso facto* la dissolution des organisations nationales, car les groupes communaux, qui trouveront dans les fédérations départementales le concours nécessaire et cherché ne concevront point ou ne concevront plus l'utilité de payer à des organisations d'une autre forme des contributions précieuses en argent et en énergie. Une seule chose nous étonne, c'est que l'irréconciliable ennemi du fédéralisme, l'homme qui, en haine de Proudhon, a proscrit jusqu'au mot de fédération pour adopter celui d' « agglomération », Jules Guesde, en un mot, n'ait pas condamné la proposition Marpaux.

Non. Guesde, à l'heure où Marpaux occupe la tribune, n'est soucieux que de rendre désormais impossible l'indépendance de la presse socialiste, qui a osé, hier, noter ses hésitations de conscience.

« Il y a déjà sept ans, dit-il, que nous sommes en marche vers l'union. L'union formée à la Chambre pour combattre le capitalisme s'est reproduite dans l'existence organique du parti. Qu'est-ce donc que le Comité d'Entente, sinon l'organisme central où s'est reflété le parti? Eh bien ! au premier rang des actes à accomplir dans le but de créer l'unité, il faut placer le contrôle de la presse socialiste par les organisations fédérées. Je prends un exemple immédiat. Le Congrès vient de décider qu'un socialiste ne devait pas entrer dans un ministère bourgeois (1). (*Réclamations et protestations.*) Eh bien ! que diriez-vous si la presse qui se réclame du socialisme continuait sa campagne ministérielle ?... Il faut que la presse se soumette aux délibérations du Congrès, sans quoi il est inutile que l'on vous demande des décisions si l'on est décidé d'avance à ne pas les respecter. » Cela dit, d'ailleurs, Guesde n'oublie pas de demander que, pour constituer le Comité général du parti, « on prenne les mandats réunis *ici* par les cinq grandes organisations et par les fédérations autonomes ». De cette façon, le P. O. F. aura, dans le Comité, un nombre de représentants suffisant pour pouvoir dicter ses volontés.

Hubert Lagardelle, lui, ouvre l'Évangile... l'Évangile selon saint Karl Marx, et comme on y trouve toutes les vérités passées, présentes et futures, il en exhume contre Guesde cette théorie de l'évolution des groupements : « La » première phase dans la lutte du prolétariat contre la » bourgeoisie est marquée par le mouvement sectaire. Il a » sa raison d'être à une époque où le prolétariat n'est pas » encore assez développé pour agir comme classe. Des » penseurs individuels font la critique des antagonismes » sociaux et en donnent des solutions fantastiques que la » masse des ouvriers n'a qu'à accepter, à propager et à » mettre en pratique. Par leur nature même, les sectes » formées par ces initiateurs sont abstentionnistes, étran-

____

(1) C'est faux, mais une autre fois déjà — au sujet d'une proposition ridicule mettant les ministres socialistes éventuels sous le contrôle de la Confédération générale du travail — les guesdistes ont manifesté l'intention formelle de ne tenir réellement compte que de l'amendement Guesde — la proposition Delesalle n'étant pour eux qu'une fiche de consolation accordée à Jaurès.

4.

» gères à toute action réelle et à tout mouvement d'en-
» semble... Les sectes, leviers du mouvement à leur
» origine, lui font obstacle dès qu'il les dépasse ; alors
» elles deviennent réactionnaires... » (Circulaire privée du
Conseil général de l'Internationale, citée dans la brochure :
*L'Alliance de la Démocratie socialiste et l'Association inter-
nationale des travailleurs*, 1873, p. 26.)

A cela Guesde pourrait répondre bien des choses : et
surtout que le « mouvement est encore bien loin d'avoir
dépassé les sectes », puisque la plupart des membres de
ces sectes, dont le nombre est déjà infinitésimal, ne connaissent rien au delà de quelques termes qui n'ont de
signification précise dans aucune langue : socialisation,
conscience de classe, etc. Mais Guesde ne descend point à
des justifications : son parti demeure parce qu'il le croit
utile — et c'est assez.

Dubreuilh, secrétaire du Comité d'Entente, expose
l'œuvre accomplie par ce Comité. C'est cette œuvre, dit-il,
qu'il s'agit de couronner. Certains, il est vrai, ont trouvé
le rôle du Comité trop limité. Mais il ne pouvait pas faire
davantage. A vous de dire si vous voulez lui continuer ses
pouvoirs et les étendre pour qu'il représente réellement et
efficacement la France ouvrière. Le Parti socialiste révolutionnaire veut l'unité, mais à la condition qu'on ne fasse
pas disparaître les organisations, car ce sont elles qui ont
fait la France socialiste. Nous sommes partisans d'élargir
les pouvoirs du Comité d'Entente, de lui donner la mission
de « socialiser (?) », ce qui n'a appartenu jusqu'à présent
qu'à certaines organisations. Comme l'a dit Guesde, il faut
qu'il y ait un contrôle sur les élus ; il faut que la presse
soit la propriété des diverses fractions du Parti, qu'aucune
ne la possède en propre ; tous les éléments de force doivent être à tous.

Allemane est d'avis que le Comité d'entente ait la tâche
de l'organisation socialiste, et qu'à côté de lui, avec la

charge de le contrôler, le Congrès nomme une Commission de vigilance qui présenterait un rapport à chaque Congrès annuel. Quant aux journaux socialistes, en attendant que le Parti ait trouvé le moyen de les posséder, le Congrès pourrait inviter le Comité d'entente à en visiter les propriétaires et à leur proposer un *modus vivendi* valable jusqu'au Congrès prochain, qui examinerait s'il a lieu d'être satisfait ou s'il doit agir de rigueur.

Les trois syndicats fourvoyés dans le Congrès éprouvent à leur tour et pour la seconde fois le besoin de parler, non pas en leur nom, mais au nom du mouvement corporatif tout entier. Or, la contradiction évidente entre l'absence systématique du Congrès des dix-huit cents syndicats qui, chaque année, forment les Congrès économiques, et le souci des groupes corporatifs présents de justifier cette absence, entraînent le camarade Deslandes à proférer des hérésies formidables — dont s'amusent vraisemblablement les hommes qui, comme Pommier de Tours et Blanchart de Nantes, administrent de fortes agglomérations syndicales.

Jaurès renonçant à plaider pour l'unité, que tout le monde accepte, Pierre Morel renouvelle les déclarations faites il y a quelques heures par Léon Martinet, Bernheim (P. O. S. R.) déclare que son groupe accepte l'unité socialiste, mais à condition qu'on ne forme pas un Comité directeur (ce qui est contradictoire) et Poulain, député des Ardennes, donne fort éloquemment toute sa signification au projet fédéraliste de l'Est. Poulain a des mots décisifs qui mettent en fureur les centralistes du P. O. F. « Le Comité d'entente, dit-il, même complété par la Commission de vigilance que propose Allemane, c'est encore une unification incomplète. La désunion peut surgir de nouveau demain. Nous vous demandons donc, nous, fédérations départementales, à vous, partis constitués, nous vous demandons de reconnaître que l'heure est venue de votre mort. C'est un sacrifice nécessaire, il faut y consentir, et que vous disparus, les groupes politiques communaux se fédèrent par département ou par arrondissement, sans distinction d'écoles. Je vous donne rendez-vous pour cette œuvre au Congrès prochain. »

La gauche fulmine contre cette opinion ; mais elle ne semble pas encore en comprendre toute l'importance. Enivrée de sa force, l'existence du P. O. F. lui paraît devoir être éternelle, garantie qu'elle est par son passé et par l'égal besoin de vie propre qui, elle en a la conviction, existe dans les organisations rivales. Mais ce calcul pourrait bien être faux. La Confédération des socialistes indépendants n'est qu'une juxtaposition de groupes prêts à se séparer, d'un commun accord, s'il leur paraît utile; le Parti ouvrier socialiste révolutionnaire ne serait peut-être pas éloigné d'en faire autant si le sort de l' « Unité » l'exigeait, et, même parmi les groupes blanquistes, il en est qui se rallieraient volontiers, sans d'ailleurs abandonner la théorie de la « dictature impersonnelle », à la politique de Jaurès. Que pèserait alors le passé du Parti ouvrier français ?

Mais voici la dernière journée du Congrès. La Commission générale travaille toujours à son rapport sur l'Unité. En attendant, le Congrès adopte *à l unanimité* le rapport présenté par J.-L. Breton sur la grève générale, et, sur la proposition de Brunellière, « flétrit les nationalistes et les antisémites et met en garde le Parti contre toutes les formes de réaction ». Puis, comme on apprend que le rapport de la Commission a été unanimement adopté, et qu'il prévoit la constitution d'un Comité général, Jaurès invite les organisations à se réunir séparément pour nommer les délégués à ce Comité « et se concerter afin que, sur tous les points, le Congrès émette à son tour des votes unanimes. »

Enfin paraît Dubreuilh qui donne lecture du rapport suivant :

CONSTITUTION DU PARTI

« Le Parti socialiste est fondé sur la base des principes inscrits dans la formule de convocation au Congrès.

» Il se compose : 1º Des cinq organisations nationalement constituées ; 2º Des Fédérations régionales et départementales autonomes ; 3º Des groupes qui demanderont au Comité général du Parti, tel qu'il sera défini ci-après, leur inscription au Parti, à condition que ces groupes aient au moins un an d'existence et cinquante membres cotisants et qu'il n'existe pas de Fédération dans leur département. Ces groupes seront rayés du Parti si, dans le délai d'une année, ils n'ont pas constitué une Fédération départementale. Ils ne pourront être admis que du consentement unanime des membres du Comité général ; 4º Des syndicats ouvriers qui adhèrent explicitement à la formule des principes socialistes qui a servi de base à la convocation du premier Congrès général du Parti ; 5º Des coopératives qui adhèrent à ces principes et consacrent à la propagande socialiste une part de leurs bénéfices.

CONGRÈS GÉNÉRAL

« Le parti se réunira tous les ans en un congrès général. Chaque congrès déterminera le lieu du congrès suivant ; mais il est entendu que, sauf exception pour l'année prochaine, à raison de l'Exposition universelle, le congrès siégera chaque année dans une région différente.

CONSTITUTION DU COMITÉ GÉNÉRAL

» Il sera constitué dans un délai maximum de huit jours un comité général du parti dont les pouvoirs dureront jusqu'au congrès suivant.

» Chacune des organisations sera représentée au comité général par des délégués désignés par elle et en proportion avec le nombre des mandats qu'elle a portés au congrès, à raison d'un délégué par cinquante mandats et fraction de cinquante.

» Les fédérations autonomes cesseront d'être considérées pour leur représentation au comité comme une organisation unique. Elles formeront sept organisations distinctes : Ardennes, Côte-d'Or, Doubs, Bretagne, Bouches-du-Rhône, Seine-et-Oise, Saône-et-Loire, régies par la règle ci-dessus. Elles auront donc, en fait, un délégué chacune. Il en est de même de l'Alliance communiste.

» Pour rétablir l'équilibre, chacune des autres organisations représentées au congrès recevra un délégué supplémentaire ;

» Les décisions du comité général seront prises à la majorité des voix.

» Chacune des organisations sera tenue à verser au comité général une somme à fixer par le comité général et proportionnelle au nombre des mandats de chacune.

CONTRÔLE DE LA PRESSE

» Le Congrès déclare qu'aucun des journaux socialistes n'est, dans l'état actuel des choses, l'organe officiel du Parti.

» Mais tous les journaux qui se réclament du socialisme ont des obligations définies qui grandissent avec l'importance du journal et le concours que lui ont prêté dans tout le pays les militants.

» La liberté de discussion est entière pour toutes les questions de doctrine et de méthode ; mais, pour l'action, les journaux devront se conformer strictement aux décisions du Congrès, interprétées par le Comité général (1). De plus, les journaux s'abstiendront de toute polémique et de toute communication de nature à blesser une des organisations. Les journaux seront tenus d'insérer les communications officielles du Comité général et celles des organisations adhérentes.

» Si le Comité général estime que tel journal viole les décisions du Parti et cause un préjudice au prolétariat, il appelle devant lui les rédacteurs responsables. Ceux-ci étant entendus, le Comité général leur signifie, s'il y a lieu, par un avertissement public, qu'il demandera contre eux ou un blâme ou l'exclusion du parti ou la mise en interdit du journal lui-même. Ces mesures seront renvoyées au Congrès suivant.

CONTRÔLE DES ÉLUS

» Il sera procédé à la Chambre, sur les bases théoriques de la convocation du Congrès, à la constitution d'un groupe parlementaire unique placé sous le contrôle direct du Comité général, qui aura à rappeler aux élus les décisions des Congrès et à les amener autant que possible à l'unité de vote.

(1) Trahison des mots. Comme cette Constitution ne pouvait décemment proscrire la liberté de discussion en matière de doctrine, on ne fait de réserves que pour l' « action ». L'honneur du libéralisme paraît sauf. Mais on oublie qu'il y a quatre jours, contrairement à Jaurès qui présentait la question Millerand comme une question de tactique, Guesde et Vaillant en personne l'ont présentée comme une question de principe et de doctrine. Est-ce donc qu'on accorderait à Jaurès le droit de « continuer sa campagne ministérielle », quitte à accepter la contradiction ? Il faudrait, pour le croire, bien peu connaître les politiciens.

LES ÉLECTIONS

» Nul ne pourra être considéré comme candidat socialiste s'il ne rappelle dans ses professions de foi les principes qui ont servi de base à la convocation du présent Congrès.

» En période électorale, le Comité général ne devra jamais donner d'investiture quelconque à un candidat. S'il y a conflit au deuxième tour de scrutin, il sera naturellement arbitre. »

Tels sont les statuts constitutifs du nouveau Parti. Alors commence ce que Jaurès appelle le « serment à la constitution », c'est-à-dire la déclaration faite par un membre qualifié de chaque organisation que celle-ci accepte les statuts. Puis l'*Internationale* éclate,

> Du passé faisons table rase
> Foule esclave, debout ! Debout !
> Le monde va changer de base
> Nous ne sommes rien, soyons tout !
> C'est la lutte finale,
> Groupons-nous et demain
> L'Internationale
> Sera le genre humain.

les emblèmes écarlates dominent la foule; cette fois, nous avons l'impression inoubliable d'hommes unis par une commune espérance et par le lien sacré des fraternités plébéiennes. Hélas! ce n'est qu'une apparence : trop de militants sont hors la « famille » socialiste, victimes du dogme imbécile et de la curée des appétits.

FIN

———